中原名师
出版工程

好教师懂学生

沟通提升学习力

商会敏 主编

河南科学技术出版社
·郑州·

图书在版编目（CIP）数据

好教师懂学生 / 商会敏主编. —郑州：河南科学技术出版社，2020.8（2023.4 重印）
（中原名师出版工程）
ISBN 978-7-5725-0068-8

Ⅰ.①好… Ⅱ.①商… Ⅲ.①青少年教育—教育工作 Ⅳ.① G775

中国版本图书馆 CIP 数据核字（2020）第 136479 号

出版发行：河南科学技术出版社
地址：郑州市郑东新区祥盛街 27 号　　邮编：450016
电话：（0371）65788613　65788870
网址：www.hnstp.cn
策划编辑：李喜婷　于凯燕
责任编辑：李喜婷　于凯燕
责任校对：崔春娟
封面设计：王莉娟
插图绘制：李　婕
责任印制：宋　瑞
印　　刷：河南省环发印务有限公司
经　　销：全国新华书店
开　　本：720 mm × 1 020 mm　1/16　　印张：12.5　　字数：200 千字
版　　次：2020 年 8 月第 1 版　　2023 年 4 月第 5 次印刷
定　　价：60. 00 元

序 言

这是一本致敬好老师的书，因为在我周围有很多好老师，他们有的是班主任，有的是学科老师，比如：美术老师、信息老师、体育老师等，他们散落在学校的各个角落，以自己健康的、完整的人格，为那些渴望成长的孩子竖起了保护的屏障。

他们有的非常热爱自己的教育工作，专注于自己的学科教学，花很多的时间和精力帮助学生获得学业上的提高；有的思维开放，有着广阔的视野，懂得引领学生发现自己的优势；有的善于激发学生的学习动机，在学生需要的时候，能够推一把或者拉一把，他们对自己的付出无怨无悔。但是，随着近几年学生问题的多样和复杂，即使好老师无怨无悔地付出，依然有一些学生发生各种各样的问题。善于思考的好老师开始疑惑：

前几天还活泼开朗的学生突然不来上学了，说是得了抑郁症！

有个学生仅仅因为和老师争执了几句，就要退学！

看起来乐观开朗、爱笑的她居然自残！

现在学习条件这么好，但这么多学生厌学！

那么聪明的孩子，因为手机和家长冲突，居然要跳楼！

好老师想知道学生为什么这么说，这么做，在他们身上到底发生了什么。

社会心理学家认为我们对这些事情的兴趣在很大程度上源自我们对了解社会中的因果关系的基本渴望。因为这些信息能帮助老师了解学生的结果和我的所作所为有没有关系？我做什么可以更好地帮助他们，我还可以做什么？或者我做错了什么吗？还是做事的时机不对？ 虽然，学生问题的形成有家庭、社会等多方面的原因，但是作为与青少年接触机会最多、接触时间较长的成年人，老师有更多的机会可以帮助到他们。

我记得一个好老师的疑惑：

在一次班会课上，老师看到一个学生穿着很单薄地坐在那里，于是把自己的衣服披在了她的身上。也许这个温暖的举动激发了她对老师的信任，这个沉默的学生告诉了老师很多家里的事情，老师也知道了她这么萎靡不振的原因，于是介入家庭。后来，家长不管是亲子冲突，还是学生不做作业，心情不好，都会来找老师。起初老师满怀热情地随时接听电话，出主意，想办法，后来感到心神疲惫。怀疑自己：我是不是做的太多了。这也是有些满怀热情的老师后来倦怠的原因。进入教师这个行业，很多老师对教育、对学生充满热情。但是现在青少年成长环境复杂，家庭问题形式多样，当老师接近孩子，想要了解关于孩子的更多信息时，必然会进入家庭，各种意想不到的事情会发生：家长把老师当作家庭的拯救者，孩子可能会把老师当父亲、母亲，甚至当敌人，导致老师卷入过多情感，产生疲劳感。但是如果老师和学生保持一定的距离，对学生的帮助有时似乎是隔靴搔痒，起不到作用。

本书希望通过漫画以及个案讲述的方式，向好老师介绍青少年是如何长大的，在长大的过程中，影响青少年成长的普遍因素有哪些，以及青少年成长过程中遇到的普遍困境，他们的内在世界正在经历着什么？发生着什么？怎样才能成为他们成长的助力而非阻力？而学生的个人成长，必会推动学生的学习成绩、学业成就发展。当学校的老师，对青少年群体多一些理解和懂得，处理日常事情时内心会更加清晰，从而成为他们长大过程的见证者、辅助者。

商会敏

2020 年 7 月

目 录

第三章　好老师的四大法宝 /111

第一章

青少年是如何长大的

案例 “大情圣”的反常行为

阿黄，初三男生，明知女孩不喜欢他的高调恋爱，依然让他的“爱情告白”轰动全校。老师不满足他调座位的要求，他就不定期地逃课或是搞破坏。他知道因为自己的行为，给女孩带来很多压力，他也觉得对不起那个女孩，但却依然一意孤行，像一个战士一样对抗着周围的世界。

老师了解到他的父母在他很小的时候就离异了，他很小就没有了母亲的照顾，父亲对他又特别严格，所以他很少能感受到被人无微不至地关爱。在他的内心深处，他是渴望被呵护、被关爱的，他自然而然认为别人也需要被照顾、被疼爱。他通过他想得到的被爱方式来表达他的爱，以此作为对自己的一种补偿。细心的老师把他的内在需求、他的所作所为和他的想法之间的矛盾之处呈现给他时，发现下面这些情况：

原来他一直觉得之前的自己不是真正的自己。循规蹈矩，默默无闻，表现的是压抑、无奈而无力，他期待改变和证明自己。他很希望能张扬自己的个性，向大家展示自己的能力，得到同学的钦佩和认可。当在学习、体育、艺术等这些能被大家认可的方面无法一鸣惊人的时候，他选择了这种让大家看到他、关注他的方式来展示自己。

他所做的这些事不是为了女孩，而是为了他自己。这让他即使面对老师、父亲的压力和女孩的讨厌，他依然感觉“爽”“轻松”“快乐”。原来在“大情圣”的行为背后有着渴望被爱、被呵护、被关爱、被重视的心，也有追求自我实现的期待和努力，只是用错了方式。

这就是处于青春期的青少年。他们的言语化能力还在发展之中，并不能清楚地表达和明确知道自己的需求以及行为背后的原因。他们被自己的感觉推动着，不断探索自我成长的边界。有时为自己带来情绪困扰，有时给家长带来麻烦，无论父母做得多么到位，亲子冲突依然不断。

他们面临学业和成长的双重压力，他们努力调适自己适应成人世界。作为网络原住民，他们经受着父母不能理解的情感。他们在与父母的分离和独立中徘徊，在理想和现实中摇摆。他们感受着许多必然的失去，在哀悼中走向成人。

本案例中，好老师了解作为一个青春期学生不可控性的生理特点，理解他的无处安放的攻击性需要一个出口，并且透过阿黄的“逃课”“搞破坏”等攻击性行为，看到了阿黄对“被关注”“被爱”的心理需求，以及心理需求没有满足之后的问题行为，通过倾听、谈话的方式化解了他内在困境所带来的情绪困扰，助力他向前一步。

好老师之所以能做到这些，是因为懂得青少年的生理特点、心理特点，了解青少年长大的过程可能面临的困境，知道在合适的时间说合适的话，做到位的事，同时在帮助孩子的同时积累了经验，成就了自己。

一、青少年的生理特点

懂点生理学、脑科学知识，好老师更加得心应手

既有青少年看得见的身体变化，也有他们看不见的大脑发育，并且这些因素推动他们做出自己都难以理解的行为变化。

1. 看得见的身体变化

（1）进入青春前期的青少年，身体上发生着巨大的变化，这种变化持续大概 2~3 年的时间。

身高、体重、气味、毛发、声音等等，这些外表的变化是他们看得见的。“哇，我一年就长高了 10 厘米”“我 11 岁来的月经”“我太胖了！妈妈说，别担心，这是婴儿肥，说明你还没长大”“有一段时间自己不愿意说话，总感觉声音怪怪的，后来才知道那是在变声呢”。

（2）他们彼此对比着这些看得见的变化。

和同性别的朋友凑在一起交流关于这些变化的感受：“为什么你长这么高？”“我妈 1.7 米，可能是遗传吧！”“听说打篮球可以长个，我准备试试。我妈才 1.5 米，难怪我到现在才 1.6 米！”“为什么我还没长胡子？男人不是都要长胡子的吗？”

在对比中体验着和他人的生理发育的差异带来的很多情绪困扰：“我每次来月经都痛得死去活来，可是别人说我矫情，我很难过！”“我的胸天生就是这么大，可是别人背后说我浪，冤枉死了！”“妈妈说要带我去医院看看鸡鸡为什么没变化”等，还有诸如粉刺、肥胖这些烦恼在大人看来是小事，

但对小朋友来说，却是很大的困扰，足以影响学业。

同时，他们也对异性的发育产生浓厚的兴趣，“听说男生的那个可大了，还能伸缩”“你看那个女生，胸那么大，肯定……”

这些看得见的变化他们还能通过交流彼此传授经验、安慰，感受自己的长大。而那些看不见的大脑内部变化也在深刻影响着他们，而他们却一无所知，任由驱动。

2. 看不见的大脑发育以及激素分泌

美国心理学家劳伦斯·斯坦伯格曾说：青春期是大脑发育的“第二个关键窗口”，这个阶段大脑的可塑性之强，唯有人生的最初五年（0~5 岁）可以与之相比。

（1）神经元的用进废退让他们被好奇心驱使着探索各种可能性。

随着人脑的不断发育，在脑内同时进行着两个重要的发育：树突、突触在脑内疯狂繁殖，同时进行着神经元的修剪。不断持续使用的突触得以存活，而那些极少使用的则被淘汰。脑内的变化促使青少年对新鲜事物产生各种好奇，想要不断尝试：“化学课真有意思，这两样无色的东西混在一起会变成紫色！”“物理才有意思，你知道故宫那么多的建筑没有用一颗钉子吗？”“哇，那个颜色真漂亮，我以后要搞设计！”“看我的手工，是从国外网站看着做的，你没见过吧？”他们在尝试的过程中，神经连接得以固定下来。对自我的认识也逐渐形成。青少年时期形成的兴趣、爱好，很多人可以受用一生，这个时期不用的链接就会永远被淘汰掉。

（2）杏仁核的主导让他们很容易情绪化。

杏仁核深藏于脑部中心位置。别看体积小，但功能强大，完美控制着青少年的情绪。当青少年遇到外部刺激时，主要通过杏仁核做出反应。因此，青少年很容易情绪化：“孩子跟我要饭费 200 元，我就感叹了一句，现在物价真贵，这臭小子来了一句，那你就别给了，摔门出去了。”这也是为什么当成人与青少年发生冲突时，需要成人来终结冲突。“好了，好了，我错了，等咱们都先冷静下来再说。”杏仁核不仅决定了青少年的情绪反应，还影响他们对人面部表情的判断。老师摇头本来表示没听懂，疑惑，学生会解读为：“老师不喜欢我、讨厌我。”

（3）前额叶的晚发育让他们的言语化能力不足，自控力差。

前额叶主导做决定、控制冲动，同时还是语言中枢。青春期前期前额叶在发育之中还不成熟，25 岁前额叶才能发育成熟。一个成年人试图和青少年沟通，他们经常说：“我也说不清，我说了他们也不懂，我不知道怎么跟妈妈说。”对个体而言，初中阶段的学生，言语化能力明显弱于高中学生，总是显得词不达意。青春中后期，随着前额叶的成熟，自我表达能力明显提高，可以熟练运用象征、隐喻、类比方式，开始能够欣赏讽刺和反语，幽默感增强，他们之间经常互怼。

由于前额叶的发育不完善，因此，青少年自控力较差：作业写完了，打会儿游戏放松下，这“一会儿”可能一个多小时就过去了。

（4）褪黑素（与睡眠有关的激素）的分泌时间变化让他们更喜欢晚睡。

布朗大学的玛丽·卡斯卡丹（Mary Carskadon）是研究青少年睡眠模式的专家，他认为大多数中学生缺少睡眠，20% 的学生会在学校睡觉。睡眠时间不足严重影响情绪、学习，以及创造性思考。移动互联网、手机的普及使用更加影响青少年睡眠。青少年虽然表示想要调整自己的睡眠时间。但繁重的作业后，与同学的交流、放松很容易让自己陷入另一个循环：控制不住玩手机导致睡眠不足。

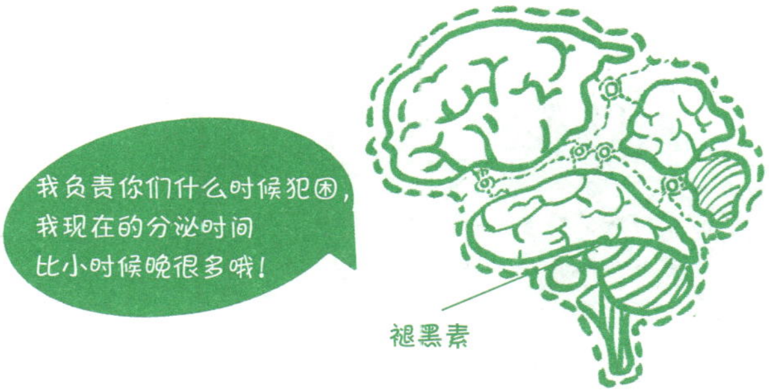

（5）性激素突增导致的性的萌芽。

“我以为尿床了，原来是遗精”：男孩子 13 岁左右遗精，是性成熟的表现，是正常的生理现象，他们欣喜地体验着长大的感觉。

“女生流血了”：他们开始对异性感兴趣，渴望了解有关异性的一切。

“你的初吻还在吗？”：好奇心促使他们想要尝尝爱情的滋味，青春期早期谈恋爱只为玩得开心，青春期早期的男生和女生经常早晨表白，下午就后悔了。在无人干扰

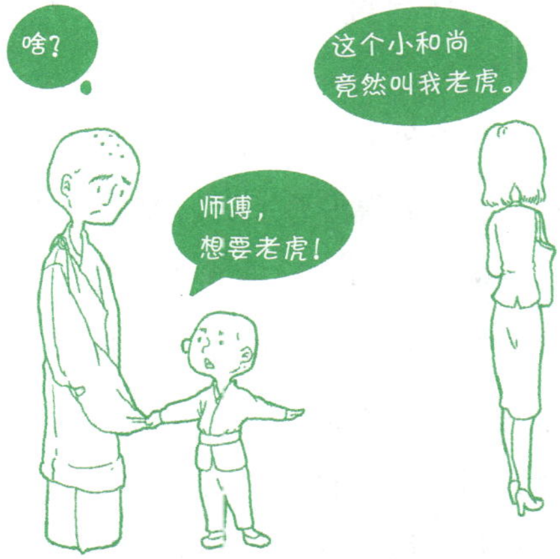

的情况下，平均两个月分手。“一时冲动被表白感动，深思熟虑后决定分手。”

“我们的恋爱不是你想象的那样”：青春期中期开始渴望与对方建立更亲密的关系，希望向对方敞开心扉，得到对方的柔情和关爱，精神交流的渴望促使他们在聊天上花很多时间。

“拒绝你，并不是不爱你”：当一方有性冲动时，另一方试着保持克制。他们学着使用自慰、学习、运动、转移注意力等方式控制、调整自己的性欲。

“性梦”：青少年产生了性的冲动，伴随这种陌生感觉同时出现的还有一种模糊的兴奋或恐惧感：昨晚梦到和班花那个了，她不会觉得我是个流氓吧？

“自慰次数会不会影响我未来生育啊？”：有了性冲动和发生真实的性生活有很长一段时间，当他们尝试用自慰的方式解决性冲动时，会心有疑惑。有时还会互相提醒：少看色情视频和书籍，网上经过包装的有色情化推销，并不是真实的性生活，有的还容易造成伤害。

“拒绝性骚扰”：进入青春期中后期，他们开始懂得文化禁忌，知道在公共场合讨论性会显得猥琐。

3. 早熟和晚熟给青少年带来的差异对待

青少年发育时间相差较大，好老师懂得他们的生理特点和心理特点的同时，还要懂得发育差异容易导致成人对他们的差别对待。

研究表明：早熟女孩与晚熟男孩面临的困扰更多。

早熟女孩：女孩发育本来就比男孩要早大约 2 年，再加上她们比正常发育的女孩又提前了 1~2 年。对这种在时间上早成熟 3~4 年的女孩来说，会品尝到周围同伴都未曾有过的体验、感受与变化，会产生与同龄人“不同步”的感觉，因而易使她们心理焦虑、紧张与负担过重。但因为她们会被以大人的方式对待，会在社交方面比较擅长。然而，她们进入青少年期的准备时间较短，会承受较多内在的危机以及困扰。

晚熟男孩：显得年轻对一个成年人来说或许是开心的事情，成人后为了年轻化妆等，但对一个正在发育的青少年来说，与自己年龄不相称的外表却是很多痛苦的源头。有男生因为自己没有及时长出胡子来而焦虑，也会有男生因为脸上的青春痘而烦恼，还会有男生因为担心自己长不高而偷偷尝试各种办法。有男生为阴茎大小产生焦虑、羞耻。

案例　抽动症的源头在这里——不长个的焦虑

晚熟男孩在体育运动中处于劣势，个子矮小，打篮球想打前锋，但经常被同伴排斥：就你那个子还想打前锋？

很多女孩子比他还高，把他当小孩，在与女孩的交往方面都处于不利的地位。当他好不容易鼓起勇气向一个心仪的女孩表白时，对方给他一个白眼：小孩儿，一边玩去。

听着周围男生声音开始变得浑厚，自己的声音依然很童声，同学嘲笑他，还被起绰号：公鸭。偶尔还有不怀好意的男生把他挤在角落里。

在集体中经常被忽略，自己对自己都产生自我怀疑以及无法控制的感觉，还有对未来的恐惧与焦虑：是不是就不长了？处于被动和次要地位：为什么我不长个，总是坐在第一排？

家长也很焦虑，带孩子去医院查未来身高、看外科睾丸发育，当医生告诉家长发育一切正常时，他不知道孩子的焦虑已经有了躯体反应：面部肌肉抽动。医生告诉孩子：每个人发育的时间早晚不同，鼓励他多多运动。家长把医生的建议和老师做了沟通，好老师总是善于学习，知道孩子的发病根源后，创造机会发挥孩子的其他优势，父亲也分享了自己青春期类似的遭遇，在得到足够的支持以及不断的自我肯定后，男孩的抽动症状逐渐好转。

利维森与佩斯金（Livson & Peskin）的研究表明，晚熟男孩漫长的青春期调适，也造就出晚熟的男性在认知上及适应技巧上有较好的表现。因此，许多晚熟男孩在成年后在求知欲、社交以及探索等方面，都有比较好的表现。

青春期早期，青少年外部形象的个体差异较大，对外部形象的关注是他们的主要烦恼来源。青少年有时会把他们所有的焦虑和问题都归咎于一个小小的身体缺陷，放大身体的痛苦。好老师懂得发育是一个连续的过程，有慢有快，有意识地开展一些青春期生理知识宣传，降低发育给他们带来的情绪困扰。

老师从这位男生的遭遇了解到生理知识的重要性后，开了一个“小纸条班会”，每个人匿名把自己的生理困扰写个小纸条放到一个箱子里，然后每人从中抽取，然后自己作为老师回答同龄人的问题，如此让他们去解决他人问题缓解自身焦虑。同时老师也通过正常化他们的遭遇缓解焦虑。这使得学生学会应对未知恐惧引发的焦虑：知道即将面临的痛苦，也能看到其他的快乐：自主、自由、爱情、婚姻、未来等。

短短几年时间，青少年大脑内发生如此多变化。青少年面对重大的身体、心理变化不断进行着复杂调适。在调整和适应中，他们也获得了处理分离、选择、失落、独立的能力，也许还包含对外在世界生活的幻灭。

他们一生中重要的人格在这个关键期塑形，整合成一个协调、稳定的自我，直到成年。他们虽然不知道为什么会经历这些才能长大，但经常发出感叹：如果给我足够的时间，我觉得一切都会变好。是的，如果有足够的时间，每个人都可以变得更好。这就是“死亡”的意义，也是老师的意义，协助青少年在有限的生命阶段完成自己的阶段生命任务。

因身体变化而展开的青春期，以及因心理的变化呈现出的生命阶段过渡期，像大幕一样拉开。青少年由此开始走向自己的人生舞台。

心理学家把这个阶段孩子的成长的心理任务称为“自我同一性”的建立。

埃里克森的人生八阶段论

埃里克森，这位心理学家，学位不高，按照中国的说法，学历仅是高中，但贡献很大，凭借自己的“人生八阶段论”，牢牢占据发展心理学领域一席之地。他持毕生发展观，认为：人生阶段以固定的模式出现，并且对所有人都是相似的，个体在每个阶段都要应对和解决一种冲突。

他提出：青春期是人格塑造的关键期。“自我同一性”是这一阶段的主要心理任务，完成得好，个人潜能得以发挥，个人获得较协调稳定的自我，能够顺利进入下一个阶段。下面展示出生至40岁左右的六个阶段：

出生后—前18个月：信任与不信任的冲突。如果婴儿得到足够的照顾，未来会发展出对人的信任；反之，则很难信任他人和世界。

18个月—3岁左右：自主与害羞（或怀疑）的冲突。如果父母在安全的范围内鼓励婴儿进行探索，并给予一定的自由，他们便会发展出独立和自主；反之，如果受到限制和过度保护，会感到羞愧、自我怀疑。

3—6岁左右：主动对内疚的冲突。如果幼儿表现出的主动探究行为受到鼓励，幼儿就会形成主动性，这为他将来成为一个有责任感、有创造力的人奠定了基础。如果成人讥笑幼儿的独创行为和想象力，那么幼儿就会逐渐失去自信心，这使他们更倾向于生活在别人为他们安排好的狭窄圈子里，缺乏自己开创幸福生活的主动性。

6—12 岁左右：勤奋对自卑的冲突。如果他们能顺利地完成学习课程，他们就会获得勤奋感，这使他们在今后的独立生活和承担工作任务中充满信心。反之，就会产生自卑。

12—18 岁左右：自我同一性和角色混乱的冲突。如果他们能够在安全的环境下，探索自己是什么样的人，有什么优势、缺点，就会对自己有基本的、相对确定的认识，他们会获得自我存在感，这使他们充满自信，为与家庭的分离打下基础；反之，则导致不知道自己是谁的迷茫，产生角色混乱。

18—40 岁左右：亲密对孤独的冲突。具有牢固的自我同一性的青年人，善于并敢于与他人发生亲密关系。否则会陷入孤独。

从埃里克森的发展阶段来看，童年期没有充分满足的孩子，青少年时已经伤痕累累，该完成的未完成，加上青春期的再次发育，过去的创伤被激发，雪上加霜，困难更大。

案例　你已经很棒！

出生时因为超生被寄养在亲戚家，妈妈留下一个小包裹，从小这个小包裹就像是妈妈的替代品，不离身——信任感难以获得。

亲戚担心孩子身体出事，对不起孩子父母，从学走路开始就小心翼翼地保护——自主感不被允许，自信心没机会发展，缺少习得朋友交往的能力。

上小学回到父母家，家庭规则不同，学习被认可，家庭给予支持——获得勤奋的能力。

初中进入父母选中的重点学校，信任感缺乏，难以建立长久的同伴友情，缺乏同伴支持。学业压力、友谊、师生冲突，各种状况持续发生。老师看到：童年创伤累累的孩子，青春期时在父母的支持下，依然每天愿意去学校，完成学校任务，已经很棒！

毕生发展观认为没有一种冲突是可以完全解决的，但个体必须充分理解每个阶段的冲突，从而应对下一阶段的发展需求。但没有任何一个生命阶段可以决定未来。只要愿意，成长任何时候都可以开始。

埃里克森这个外国人不谈怎么提高学习成绩，只谈自我、谈成长，不适合中国国情？

不是每个人都有成就的需要，但每个人都有成长的需要。当成长的需要得到满足，成就的欲望才会浮出水面。成长好的人，成就不会太差，只是面向不同罢了。

需求和欲望是不同的。饿了要吃饭是需求，吃甜食就是欲望。需求和生存有关。要学会分辨自身产生的各种形式的欲望，勇敢地说出自己的欲望，并学会对其说不。需求是有限的、重复的，事关人类的基本生存问题。欲望则是对这个宇宙的无限渴求，它无边无际并始终充满活力地更新着，欲望是人类创新的前进的动力。

了解青少年，懂得青少年，走进青少年的心理世界，离青少年近一些，在他们发出求救信号时能拉住他们的手。

进入青春期，父母的烙印、老师在他们身上留下的痕迹、同龄人的评价，同时他们自己的思想越来越成熟，隐约有了对自己的判断。“父母、老师、同伴、自己”这四个方面对自己的看法，在青春期要完成一个整合。

整合的意思，正如“枯藤老树昏鸦，小桥流水人家，古道西风瘦马。夕阳西下，断肠人在天涯”这首词所描绘的，几个名词整合成一个断肠人的意象。青少年也在整合中形成“我是谁”的意象。

但是，青少年在整合的过程中，往往这四个方面存在冲突，甚至矛盾，

哈利·苏利文的重要他人理论

重要他人指的是对一个人非常重要的人物。在社会心理学中，是一个人在社会化以及心理人格形成的过程中具有重要影响的具体人物，重要他人的出现往往受学生年龄阶段的影响。学龄前，对孩子产生最重要影响的人是父母；小学阶段，对孩子产生最大影响是老师的评价；而到了青春期，孩子们更在乎同龄人的评价。

各个方面对自己的评价都不一样，于是呈现出来：在家长面前是对抗的，在老师面前是讨好的，在同学面前为了得到关注就把自己变成开心果。这些内心的秘密是不可言说的，于是难以接纳自己。他就搞不清楚自己是谁，“我是谁”形不成，当他开启人生下一阶段规划时，就会有困难。如果四方面高度统一，孩子在整合时遇到的麻烦就会少：我是这样的人，我自己看自己是这样的，人家看我也是这样的，这个就会比较稳定，孩子就会顺利度过这个“自我同一性”时期，未来在这个基础上建构自己的人生。

青少年的大部分时间在学校，自我同一性的建立所需要的探索、所需要的验证的很多活动也在学校，因此，老师真的很重要！

二、青少年的心理特点

心理晚于生理变化，是逐渐发生的。老师懂心理特点更容易走进学生心里

1. 依赖与独立——中间的分离更难

进入青春期，学生想要寻求独立性和对生活的控制感。但自主的能力和与家长相处的惯性又让他们难以走出依赖，开始有自主的愿望，产生分离焦虑。

“别管我”“你管得太多了”“你不管我了”，青少年经常如是说，并

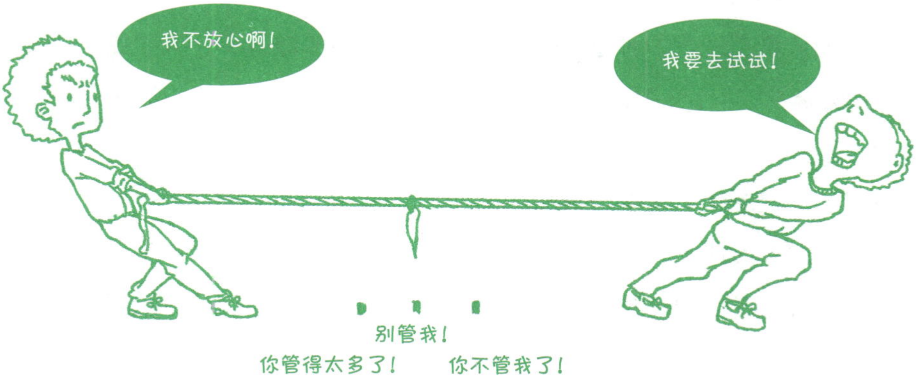

夹带着悲伤或愤怒的情绪。

一个“管”字在青少年嘴里有多重含义：束缚、帮助、约束、照顾。父母有时不知所措。这充分体现了青少年依赖与独立的矛盾心理。

当青少年感到是束缚时，他会表现出愤怒，认为成人侵犯了他的界限。当青少年感到是帮助时，他会觉得成人给的不够，感觉被忽视。当青少年感到是照顾时，他会感受到成人的温暖。当青少年感到是约束时，他会觉得在帮助他适应，感觉恰到好处。

他在依赖与独立之间摇摆，努力适应正在长大的自己。

独立是一个过程，独立的前提是先要分离。

分离让青少年产生愧对家长的感觉，分离时，他要一步三回头，看看自

己的离开会引发家长什么样的感受，家长能否接受。尤其在中国，很多家长对孩子的依赖超过孩子对他们的依赖，因此，这会增加孩子分离和独立的难度。比如：父亲忙于工作，妈妈经常和孩子两个人在家。妈妈把孩子作为情感寄托，当孩子进入青春期，产生对外在世界的渴望，孩子不放心妈妈的孤单。在纠结中脚步会很缓慢，通常很难走远。

家长如果支持分离，“你可以成为你想成为的样子”，分离焦虑会少很多。

学校有很多活动，参加活动让青少年知道自己的优势、缺点，有好朋友，有男孩、女孩，很开心。同学、老师帮助学生完成和家庭的分离。分离焦虑在同伴的支持下得以缓解。在老师的支持、保护下得以安放。

青少年需要在家庭之外创造属于自己的情感和社交空间。

分离先要分开，“你”与“我”，我是谁？我能干什么？我与非我（他人、世界）的关系。

分离以“父母期待”的形式呈现。为了完成父母的期待我好好学习，不敢说是为了自己，其实是不敢面对分离。

分离焦虑与学业的关系。分离完成得比较好，自我负责精神就强，也不会陷入分离焦虑中，浪费与情绪对抗的能量。

老师鼓励独立，接纳依赖。当他们想依赖时给予允许、当他们想独立时给予支持。严格的老师能明确感受到框架、界限、标准。这是一种确定感，能够帮助青少年独立，同时又满足青少年想要依赖的愿望。

2. 强烈的自我探索的欲望——探索才能知道“我是谁”

自我探索需要时间

想去看外面的世界，趣味心理测试、星座、量子物理（抖音）、偶像（在偶像中找自己的特质，防弹少年团，喜欢这个变为喜欢另一个）。我想了解的太多了，可是还有这么多功课要做。

青少年兴趣广泛且变化快。尝试、变化快，学习并不是他们认为最重要的。他们想要了解更大的世界。只有当他们真正知道学习与自己未来的联系时，才会把学习放在重要位置，也才能克服学习中遇到的困难。

自我探索特别需要成人的支持

青少年虽然不愿意对成人谈自己的情感、爱好、朋友。但是，在思考未来自己的方向时，非常期望得到成人的帮助和指导，也非常信任成人的判断。只是在表达需求时呈现不屑的样子。成人的帮助对青少年的身心发展是非常必要的，不要因为青少年对你的建议表现出抵抗情绪，就对他们置之不理。

自我探索需要思考的时间，更需要安全的环境

探索在安全的环境中才能得以进行，就好像学走路的孩子需要安全的环境一样。学校的艺术节、体育节、生涯教育、各种比赛就是为学生提供了安全的探索环境。老师在他们自我探索的路上作为发现者、支持者存在。

探索过程中，青少年非常在意他人（同伴、老师）对自己的评价，从他人眼里了解自己。老师如果看到他没看到的潜力并反馈给他，就让他的探索有了意义，并有了继续探索的愿望和动力。

自我探索有时会有一定的危险性

有时候危险行为中也有可能包含了某种程度上的自我探索：找到过度与不足。

青少年开始学会从不同的角度来看待问题，他们不再认为问题只有一个正确答案，而会尽力探索各种的可能性。这就使得他们面对一个问题时，会不停地想了又想，想了再想，并不是因为这个问题有多复杂，而是他们把这个问题复杂化了，也许问题的答案就在眼前，但是他们关注了所有的可能性而忽略了最明显的答案。青少年在“过度与不足”中寻找着“我是谁”的边界。

3. 朋友第一位

朋友分享私密事儿

由于有了性冲动，青少年开始将同伴关系作为发泄性欲并寻找亲密情感的地方。同伴间的交流帮助他们积极探索，而不用担心被权威的成人评价和批评。

知识点

社会比较：相互提供机会来比较和评价意见、能力，甚至生理变化，在发育早期，青少年更愿意求助有经验的同龄人，他们有相同的经历，互相提供对照，父母无法提供这种社会比较。

社会参照：青少年更愿意把同龄人作为自己的参照群体。参照群体为青少年提供了一系列判断其能力和社会成功的规范和标准。

同伴连着广阔的世界

在与父母分离的过程中，在实现个体自主之前，青少年会向同伴寻求情感刺激，归属感、共鸣。

同伴后面连接着广阔的外部世界。这样的关系让他们感觉平等，是他们自己创造的最初、最真实的亲密关系，是一种基于同辈间互惠和交流的人际关系。

他们互相怂恿，被彼此的勇敢和酷而鼓舞着，体验到强烈的团结、亲密与尊重。他们思考性与死亡，他们害怕孤独，他们必须寻找同盟以稳固自己。

我们由父母带到这个世界，但一生大部分时间却必须生活在由同龄人营造和重建的世界里，认识他们，了解他们，并和他们建立良好关系，对今后青少年的成败至关重要。

青少年在同伴眼里看到自己

通常一个自发的青少年群体能够聚在一起，都是在无意识中选择那些人，能够代表彼此人格中的不同方面，因此群体里的人都和自己人格的不同方面维持不同关系，或许是长处、或许是缺失，是个体想认同或排斥的部分。

在群体中，青少年既可以看到自己的一部分，又不会造成困扰。因为那是在别人身上。自己可以随意评价，帮助青少年了解“我是谁？”同伴因此

成为青少年离开家庭、走向社会的支持和归属。

尤其是有些青少年，觉得好像跟家里的人都不像，在和同伴的共处中，在嬉笑怒骂中，发现在这个世界上找到了一个跟自己一样的好朋友时，从其他人身上获得了对人的这种确认感，建立了和这个世界的安全连接。

团体所提供的是一个包容的空间，让青少年可以去努力解决这些关于认同的深层问题，个体的痛苦与焦虑感可以在团体成员的日常欢乐与危机中得到掩饰。

在同伴身上了解自己压抑的感觉

遇到一些不知如何处理的事，青少年不知道什么反应才是对的。

当同伴表现出来，对表现者来说是在试探别人对这些版本的反应，对观察者来说，他会对自己由于某些理由，自己都不知道的感觉有所了解，那可能曾经是自己压抑的都已经忘记的感觉。他们在冲突中嬉笑怒骂，既有乐趣，又有挑战，彼此互相了解着，同时进一步了解自己。

好老师知道他们对同伴的需要，鼓励并支持他们发展同伴关系，并以一个长者的身份关注每个人同伴关系的变化。

4. 无处安放的攻击性——接得住就变成创造性

攻击性来自青少年健康的“对抗的需要”

青少年的成长需要借助他人看到自己。当两个人并排站着时，看不到对方眼中的自己，而面对面看得更清楚。因此，青少年经常会自动站在成人的对面（也因此常被成年人理解为“对立面”），从成人的反应中看自己，同时，还想要伸出手掰掰手腕，较量一番，才知道自己的力量。

如果对面的成人愿意这么做，用他想要的方式配合他、帮助他发现自己，并且不因为面对面感到不适，接得住他的挑战，也不因挑战的输赢而拒绝或

离开他，青少年就会对自己生出确定感，并会更愿意去发展更强大的力量。

健康的对抗需要如果被满足，则孩子的活力、创造力和独立思考能力、行动能力将会被大大强化和夯实。

如果家长说：“你吃我的，住我的，穿我的，那么你就要听我的，等你以后自己赚钱了再来跟我讲条件。”“好啊，你现在翅膀硬了啊，那我不管你了，你自己去飞吧，以后你什么也别想从我这里得到……”相当于完全阻断了孩子青春期健康的对抗需要。当青少年的对抗需要不能满足时，他们就会用攻击性表达对抗。

攻击性来自自我探索过程中会产生的焦虑感、挫折感等

青少年的自我探索并不总是能得到成人的支持。当青少年热衷于学习以外的兴趣时，家长会认为：“搞这些没用的干什么？专心用在学习上吧。”

不被允许和支持的自我探索让学生感到焦虑，同时产生挫折感。

“我喜欢研究昆虫，他们以为我在养宠物，我得把它们藏起来。”“我已经是电子竞技高手，但他们始终认为我是网络成瘾，不想跟他们讲话。”“上课总是因为话多被老师批评，但同学都喜欢我。”

这些强烈的负性情绪体验，有的青少年会采用压抑、退缩的方式，有的青少年需要释放，释放让他们感受到想要攻击的力量。这种力量很强大，他们试图进行调适，比如喜欢参加一些对抗性的运动：打篮球、踢足球，“有机会打人，而且不给自己带来麻烦”。

攻击的破坏性（破坏关系）让他们感到害怕，同时引发罪恶感以及被惩罚的焦虑

当青少年感受到自己的攻击性时，通常会首先意识到攻击性对关系的破坏：“爸妈肯定很生气，还会因为我，他们之间争吵。”“他明知她是我的女朋友，还追求她。可是，如果我去打他，学校一定会处分我。不行不行，我怎么能这样。”因为害怕攻击性的破坏力量，他们还要付出很大的代价去控制内在的攻击冲动。

家庭是他们认为安全的场所，因此，很多时候青少年会因为自己无法处理的攻击性，导致更多的亲子冲突，即使有时候父母并没有做错什么。

如果父母理解孩子，攻击性在家中能够被承接，就有了转化的机会。有些父母能够了解孩子的心理，但多数父母在这样的测试面前考试不及格。父母往往焦虑得不行，甚至崩溃。有的开始不断攻击自己的孩子，有的和孩子赌气不说话，有的哀求孩子不要闹了，有的拼命做好吃的东西去塞满孩子的胃，有的想方设法打着学习的名义控制孩子。

攻击性不能在家里释放，他们试图寻找另外的场所

另外的场所包括学校、街头等。当青少年的攻击性在家里不能被承接，在学校违抗行为就会增多。比如：迟到、不做作业、磨蹭、违规使用手机、挑衅性行为等，研究发现：违抗行为被当成青少年宣泄压力的一种重要方式（高峰期 14 岁）。

为避免被惩罚，攻击性通常在他们自以为有理的时候借机而出。比如：老师说的某一句话被他们抓到了破绽，“班规规定，一人迟到全班晚回”，他忘记了班规是全班同学讨论决定的，他也曾经是其中的一分子。

“他也迟到了，凭什么我迟到就要被罚”，而丝毫不考虑另一个同学迟到的原因是什么，他只是需要有一个攻击老师的借口。“三好学生评选不公平，没有公开投票就不是民主选举出来的”，他只是想要从表面不公平中找到可以攻击学校的理由，却并不去看三好学生的标准是什么。

有的会去社会上寻衅滋事，喝酒、打架。攻击性的能量不由自主地需要找到出口。

如果家庭、学校都没有人承接，网络会成为发泄的出口

做键盘侠，隐藏自己的身份，在网络上对他人网络暴力，试图发泄自己的攻击性。有时，会遭到网络反攻，在网上“口水战”中败下阵来，自己成

为网络暴力的受害者。

还会花很多时间玩网络中的对抗性游戏，在对抗中消耗自己的焦虑、愤怒、不安。网吧中经常能看到很多屏幕显示的各种枪战游戏。刷抖音、短视频，看网络直播，没有目的地刷微博，和同学一起嘲笑他人，试图让自己的攻击性在欢笑中得以消散。

青少年试图整合自己的攻击性，但是需要稳固的建设性的关系作为支持，网络上很难建立这种支持关系。通常在互相攻击中彼此伤害。

此外，发泄并不能带来转化，反而带来罪恶感、无力感。“我怎么又玩了一个通宵，跟他们吵架有什么意思，真是蠢！”“作业又没有完成，我怎么就控制不住自己。”“我不是个好孩子，妈妈被我骗了，”偶尔他们也会寻求帮助：“老师，我怎么才能控制自己的戾气？”

当没有成人承接青少年的攻击性，其对外界愤怒、强烈的焦虑或挫折感带来的攻击性就会转向自身：自我惩罚——主动伤害自己

他们从网上搜索，选择自己能接受的方式：割伤，严重地搔抓皮肤，灼烧或烫伤自己，打自己或撞自己的头，用拳头击打别的东西或用身体撞击硬物，把东西戳到皮肤里，食用过量药物以及不安全性行为，等等。

当尖锐的利器划过皮肤时，尖锐的疼痛会让在痛苦中挣扎的人产生短暂的区别于内心痛苦的感受，这种无意间产生的愉悦感是自伤者最常想达到的一种效果。

自残/自伤行为在青少年中是非常常见的，并且研究显示，青少年是自伤行为的高发人群。研究显示，自伤在普通人群中的发生率为1% ~ 4%，青少年的自伤行为报告率为3%~42%，我国在2011年的一项全国范围内的调查数据显示，30.0%的青少年在过去一年中发生过直接自伤行为。

好老师才配得上学生的攻击

攻击性的整合需要在一个稳定的、有建设性的关系中才能实现。但往往强烈的攻击性对一段关系的破坏力也是巨大的，除非对方足够稳定，以及双方有着非常坚实的关系基础。青少年潜意识会首先选择父母帮助整合攻击性的关系，当父母接受考验失败，他们会继续寻找，好老师就是他们的目标。

他们考验、试探老师是否能接得住攻击。“这个老师开得起玩笑。”“这个老师很会自嘲。”“这个老师心理很强大，上课可以挑战她的观点。”“这个老师知识渊博，可以讨论很多禁忌话题。”经过检验的好老师才配得上他们的攻击，否则，他们会选择远离。

整合攻击性本身就是我们每个人的自体发展任务之一，在获得攻击性控制能力的同时，也会将攻击性转化为人格中更有建设性的力量，例如生命力、积极主动性、坚韧的品质等。进入青春期，攻击性如果能够整合到生命中，可以转化为积极进取，竞争、创造性，转化为为成就奋斗的驱动力。

因此，接得住学生攻击性的老师，让攻击性变成创造性。

案例　垃圾箱的消失

最近，班级里的垃圾箱放在班级的哪个位置，成了班级的热门话题。班主任让劳动委员负责处理垃圾箱在班级的位置，处理过程记录在班级日志中。结果最后：垃圾箱消失了。班级日志是这样记载的：

第1天，老师把垃圾箱放在了讲台下面，当天下课后，班级日志中记载：劳动委员看到垃圾箱边上总有扔不准的纸团，他怒了，扔了垃圾箱。

老师在日志中留言：有胆量，敢于愤怒，把握好分寸，且行且思且看。

第 2 天教室里出现了三个垃圾箱，每个垃圾箱上方还贴有字条：可回收垃圾、干垃圾、湿垃圾。劳动委员说：看着垃圾箱里那些牛奶袋、饮料瓶、油炸食品袋，真恶心，感觉都是不利于身体成长的垃圾食品，以后我都不好意思吃油炸食品了。

班主任点赞：有办法，垃圾箱螺旋式哲学回归。

第 3 天，劳动委员继续：三个垃圾箱占空间，还有碍美观，我又怒了，我把垃圾箱收起来了，送给每人一个垃圾袋。

班主任点赞：有创意，有爱心。

另外一个同学记录。每人一个垃圾袋，太浪费了，心疼，忍无可忍。

班主任点赞：同意爱惜资源，提醒同学你无需再忍。

第 4 天，班里出现了各种漂亮的家用环保袋，失联的垃圾箱永远失联了。

老师面对学生的不满，鼓励“敢于愤怒”的劳动委员，被接住的劳动委员不断想出新的办法，鼓励“无需再忍”的同学，当老师接得住学生的攻击性时，他们的攻击性得以转化，学生的创造性得以彰显。班级也从一个不知放到哪里的垃圾箱变为了各种漂亮的环保袋。

（资料来源：《垃圾箱的消失》，载《班主任之友》，2019 第 1、2 期。）

5. 失落感与外在世界的幻灭——还是独立吧

失落

从孩子出生，和父母是一体的共生关系，当学会走路，身体上的自主能力逐渐提高。心理上仍然依赖于父母，会为了父母的期待学习，想要成为父母眼中的好孩子。到了青春期，随着青少年的自我意识的发展，认知能力的提高，开始有了自己的需求，准备自我探索。和父母的期待发生冲突、矛盾。当青少年挑战家长，释放攻击性，家长接不住时，青少年们不但不会兴高采烈，

相反会惊恐万分、沮丧不已。

“爸爸虽然说：你长大了，我不想再打你。但事实是他知道打不过我。我都 1.8 米，他才 1.7 米，我可以把他按在墙上丝毫不能动弹。”

他们发现原来心中高大的父母形象可能是自己的想象，父母并没有想象中那么伟岸。“都是为了你好”是口头上的，发现父母并不能真正地接受自己本来的样子。这时，青少年精神上会出现短暂的空虚，感觉失去寄托，体验到深深的失落感。

失望

每一个孩子都想要得到好的学业成绩、获得满意的外在评价。但是，终有一天他们发现：有一些结果是无论多么努力也得不到的，有一些结果总是达不到自己的想象。

“从小梦想考复旦，现实告诉我是场梦。”父母关系的真相：原来以为父母很恩爱，不知道父亲出轨多年、妈妈为了这个家一直隐忍。高大的父亲形象坠落。

发现成年人说话常常言不由衷，“学习好就能考个好大学，好大学就意味着好工作”、一直发达的美国原来这么糟糕，疫情导致百万人感染。网络让青少年知道了外面有更大的世界。对外面广阔的世界的好奇与日俱增，但却不能去。

“每次跟他们说我并不开心，压力很大时，我爸就会给我补充正能量，不知道他说的这些话自己相不相信？”

失望的痛苦难以言说，无法言说。说不出来，伴随而来的是谁也理解不了的孤独感。

失去

青春期看似美好，实则意味着许多丧失。比如：一个孩子即将正式失去做一个儿童的权利，“你长大了，以后不能再这样了”；逐渐失去父母的照顾，“你都多大了，该学会照顾自己了”；也失去了理想层面上无所不能的父母，“我遇到的困难，在你眼里不值一提，你根本就不能理解我”。

他们试图在学校表现良好，内心希望老师是和家长不一样的，一旦发现老师和家长的相似之处，他们会用对付家长的方法，对付老师。仍然希望老师会和家长有不一样的反应。这些是潜意识运作，他们并不知道这些。

现实感的建立会让孩子们意识到，成人并不完美，根本不是自己想象中那么好，“小时候多么盼着早点长大，不知道长大这么痛苦”。去接受这个现实，意味着长大成人，也意味着要放弃许多曾有的幻想，这个过程本身是令人抑郁的，无论父母老师已经做得有多到位。这让他们能够更加现实和成熟地看待父母和老师。

青少年面对这些失落、失望、失去，他们的内心五味杂陈。但他们不会

表现出来，而是继续刺激成人，似乎在为自己不想长大做最后的努力。“我不想我不想不想长大”。

青少年很懂得怎样刺激父母：你们都是更年期，药不能停啊；你让我快，我偏要慢给你看；我就不交作业，让他们生气，感觉爽，同时也感到悲哀。

在这个过程中，总有那么一个顿悟时刻，意识到成人世界的不易：“疫情期间看到爸爸为房贷发愁，以前我以为我们家很有钱”，看到真实世界的艰辛、复杂。

学会“哀悼”，是成长的必由之路。“我真想大哭一场，然后走我自己的路。”“让谎言见鬼去吧，我就要按照我的想法生活。”

青少年开始接纳人生不可避免的艰难，又不放弃把它变得更好的努力。“我不能进名校，但我可以找到自己喜欢的专业，人生不是短跑，是一场马拉松。”

青少年既要直面永远得不到他想要的世界的事实，但又绝不放弃心中想要的世界。

第二章

青少年的心理特点决定了他们必然会进入一些普遍性困境

困境是一种被卡住的感觉，进不能，退不得。很痛苦，会用各种方式挣扎，试图寻找出路。通常陷入困境的人对自己的困境并不自知，但是能感受到不舒服、不自在、不自由。

如果获得找到出路的能力，下一次再进入困境，就容易走出来，走出困境的能力也得到提高。但如果是有人把你拉出困境，自己并没有获得这个能力，未来的人生依然可能掉入同样的困境。

困境也是一种在错误的地方寻找出路而不能的感觉。《遇见未知的自己》中有个故事：有次去朋友家，发现朋友趴在门口的地上摸索，于是问朋友在干吗。朋友说：“在找钥匙！”于是帮忙在门口找啊找，找了半个小时，实在没有找到，问朋友：“你是在哪里丢的钥匙啊？”朋友指着远处说：“在那边。”大囧，问朋友：“那你为什么在这边找？”朋友答曰：“这边有光。”钥匙丢在了暗处，却去有光的地方寻找。

青少年的普遍困境是与“长大”有关的，是长大的必经之路。同时也与自我概念有关，是建立“自我同一性”的必经阶段。

幼年期有良好的养育环境的家庭更容易培养出自我感觉比较好的孩子，进入青春期，面对青少年的普遍困境，他们更容易走出困境。而童年被忽略、支持不够的孩子，进入青春期，不但要面临自我同一性的心理任务，过去的未完成的创伤被激发，困难更大，就意味着进入了困境。

深处困境的孩子格外考验家庭，所以有人说：青春期的孩子带给家长更多的麻烦。只是相比童年早期的成长，孩子多了学校这样一个家庭以外更大的涵容。老师、学校是这个阶段除家长外孩子成长最好的助力。

青春期作为最重要的一次成长机会，走出困境，就走向了成人。有人说，青春期获得成长的孩子，终生不会出现心理问题。

困境一：自我探索需要与支持不够的困境：强烈的自我探索欲望因为学业、家长不支持、老师不了解、自身不清楚而陷入困境

陷入困境的标志：逃避、退缩、沉溺幻想。
走出困境的标志：主动自我探索，获得自我探索的能力。

案例 拒学——不是无缘无故的

行为秀场

拒学的孩子开始表现为不愿意来学校，但并不能说清楚为什么，有的会以身体不适、累、作业没做完等理由希望暂时待在家里。

当他们说“累”的时候意味着他们已经感受到身体和心理的疲劳。而身体的疾病又是唯一可以用的借口，所以，这样的学生在学校也表现为经常出入卫生室。

成人有时候会根据自己的经历认为：现在的孩子一点都不能吃苦，我们那时候发烧还要上学，学生的任务就是学习。“上礼拜已经请了一天假，这周不能再请假了”。他们通常认为青少年是“找借口”，的确可能是找借口，但也许是他很希望你去关注他借口背后的需求。

家长也很少会重视学生的借口，很多会认为孩子懒，不能吃苦，玩游戏睡得晚，有时还会认为逆反，家长偶尔会让他留在家里休息，但没有得到真正理解的孩子会内疚。

有时候青少年知道说什么都没用时，就不再说了，会继续上学，路上无精打采，一旦进学校，就不想表现出自己的沮丧，进入校门的时刻，他们会装出笑脸。青少年虽然常会给父母找很多麻烦，但在学校总是要表现出自己好的一面。这既是他们还想要通过自己的努力适应社会的一种方式，也是“累”的一个重要因素，用他们的话说：“要装。”因此，有一类拒学的孩子不是一下子拒学的，是要在家充好电，才能去学校五天，偶尔电量消耗过大，也要休息下，这样断断续续。

直到有一天，“装”不下去，因为会“崩溃”。

数学成绩出来，又是不及格。“昨天差点没绷住。好累啊，不想上学。已经没力气再在同学、老师面前表现开心，再去学校我会崩溃的。这次不管说什么也不去学校了”，明确拒绝去学校。

这样的拒学在家长和老师看来很突然。其实之前已经有很多信号，但家长没有捕捉到。孩子在学校一切正常，老师眼里他是个开朗懂事的好学生，虽然数学很差。怎么也学不会，但学习态度很好。

原来如此

事情发生之后，老师通过家访、同学之间了解情况，知道他父亲当年就是名校毕业，在国有事业单位工作，待遇很好，可惜早逝。妈妈一个人养家，从小脑子里被灌输的是只有考上好大学，找个好工作，才能有好生活。初中苦学进入高中后学习更加难，感觉距考上好大学的距离越来越远。失望、沮丧、内疚，不想让妈妈担心，但最后撑不下去，才彻底崩溃拒学的。

◇ ◇◇◇ 好教师懂学生 ◇◇◇ ◇

老师了解情况后和学生的对话：

老师：看来按照妈妈的意愿生活，很难实现？如果妈妈放弃她的意愿。你按照自己的意愿生活，会是怎样的？

（把他拉出父母的思维模式，激发自我探索。）

学生：我就不上学，在家画画。妈妈不知道，我画画可以专心画一天都不觉得累。但她总觉得画画影响学习，不务正业，而且现在考不上好大学，很难有好工作。

（很难拉出。）

老师：看来你不是懒，对自己喜欢的很能投入。上次学校的墙绘都是你设计的，美术老师也认为你很有天分。

（跟着他的脚步，顺着他的思路，好像走在他走的路上。）

学生：画画当业余爱好还可以，不能作为职业，根本养活不了自己。

（被妈妈的想法所占据。）

老师：咦，这种想法是怎么来的？

（始终抱着好奇跟着他的脚步。）

学生：妈妈一直这样认为，觉得学习不好的人才会画画，属于不务正业。我原来觉得画画也许可以养活自己，这次学校的墙绘，大家都说不错，但并没有拿奖，去外面参观看到人家画的，感觉自己画的根本什么都不是。真的拿美术当职业我的能力肯定不够。

（他曾经偷偷地探索自己的能力，经过对比，认为自己不行。这是自我探索中经常遇到的情景，因为学生视野、经验不够，但实际是内在知道家长是不支持的，所以遇到挫折就很容易退缩，就好像一团火如果没有加柴就会熄灭。）

老师：自己想画画，知道妈妈不支持，脑子里想听妈妈的话，但身体动不了？感觉你好像被一些东西卡住了？是吗？那是一种什么感觉？被捂住嘴？捆住手脚？

（青少年的语言表达能力较弱，尤其是谈到一些感觉时，老师可以用一些歌词、比喻、隐喻，把他自己说不出的感觉说出来，同时请他自己描述。）

学生：是的。老师刚才说到“卡住”的时候，我感觉就像天亮了一下。“卡住”就像是被捂住嘴——不能说自己的想法；捆住手脚——不能动，不能去做自己喜欢的事情；不能想——脑子里一团乱麻；没力气——长出了翅膀但不够硬不能飞。

（开始思考困住自己的是什么。困境在老师的点拨下被看到。老师帮助孩子看到困境，但不要急于帮助孩子摆脱困境，让他们自己学会如何应对困境。）

老师：捂住嘴的是谁？捆住手脚的是谁？为什么不能想？

（不断围绕他的感觉问问题，直到感觉的部分活起来，开始有热情。）

家长借此机会也了解到平时听不到的孩子的真心话。

学生：如果妈妈支持我学美术的话，我知道肯定能学好。

（当一个人的内在生命力被点燃，才能说出自己的愿望。）

老师介绍给他和家长一些美术对应的专业以及未来可从事的职业，比如：舞美、动漫、工业设计、期刊美编等，超出家长原来认为的美术就是卖画的想象。

当家长由于自己的局限不能给予孩子自我探索的支持时，学校、老师给予孩子探索的机会和支持，这也是很多学校积极开展生涯教

育的初衷，并能取得成绩的动力。最终，家长支持孩子自己选择，孩子复学，数学成绩依然不好，偶尔还会有反复，觉得自己不行。但对未来学习美术的希望、热情已经点燃，上学已不需坚持，参加了学校的美术社团。他的天赋、热爱、成就感让他不需要装就能散发出光彩。

不被支持的自我探索是困难的。家庭希望孩子成为的人不一定符合孩子自己的期待。当孩子自己不清晰时，会努力按照家长的意见，靠近父母。但是当孩子进入青春期，自我意识出现，会有情绪出现，如果不表达，当发现难以完成父母的愿望时会退缩，会有无能为力感、无助感、孤独感，反而失去探索的动力。

并不是所有人都有案例中这位同学的运气。有的人的爱好和兴趣并不是那么鲜明。有的人觉得自己没有什么特长，有的到最后也没赢得父母的支持，有的重新回到学校后，自暴自弃。所以，老师如果有先进的教育理念，不被成绩唯一导向束缚，会有更多机会发现孩子的优势，且并不局限在爱好和特长上。凤凰台原记者周轶君做的纪录片《他乡的童年》，在参观荷兰一所学校时，回忆自己喜欢唱歌却被不断告知“你不行”，潸然泪下：“当年没有人告诉我们这些，也从来没有人试着鼓励，会启发我们去探索自己潜在的能力。”荷兰老师认为：并不是只有体育、艺术特长才是特长，公正的心、共情能力、仁慈都是优势。每个人都有优势。只要学生感兴趣、有热情、愿意花时间投入，都会给予鼓励，而不是“你这个不行，那个不行”，最终，勤奋可以代替特长，取得优势。

加德纳的多元智能理论

心理学家霍华德·加德纳的多元智能理论认为，人类不只拥有一种智商，而是拥有多种智商，包括语言的、音乐的、数学的、空间的、肌肉运动知觉的、人际关系的，以及内心的对自身的认知与了解，他们认为这些智慧都是互相独立的，没有哪一个比哪一个更为重要，学校教育更偏重严谨的分析和推理，特别是驾驭文字和运用数据的能力。这些技能固然重要，但还有一些人类智慧比这些更重要。好老师知道：青春期的孩子有强烈的自我探索需要，如果越来越依赖某种特定的评判标准，相当于给学生灌输一种狭隘的能力观。有些学生在学校没能取得学业上的成功，并不意味着未来在社会上不能成功。不但自己清楚，也要让学生知道：有些才能不是用学校成绩可以衡量的，并不意味着这些能力不重要，珍惜自己特有的才能。

案例　寻找自己最好的部分——集体被允许的自我探索

行为秀场

20 多名学生的班级，都是调皮捣蛋的特殊学生，最差的班级里，只要能在某一方面让这个班级成为最好的，就可能逐步撬动他们原有的认知。

开学第 1 天老师在教室后面加了一副桌椅作为办公区域。班级以行规满分，荣获“良好开端奖”。

老师说：“我们会成为学校有史以来大学考得最好的一个班级。我们可能会是高考分数最低的一个班级，但是高考分数低，不代表考上的学校差，现在升学的途径非常多元，我们这么有特点的一群人，通过我们的特点考上一个适合我们特点的好学校完全可能。”老师给他们介绍了依托高考的多种教学途径以及以前的成功案例。鼓励他们寻找自己最好的部分和最大的特点。

彤彤身材高挑，成绩极差，在极度彷徨中浑浑噩噩，迷失方向，之前她想去做模特，但这一想法遭到军人背景家庭的反对与讽刺，现在她开始努力说服家人，她积极上进的作风和情真意切的态度，以及班主任的大力支持，最终让她的家人同意了她的模特之路。她有了努力的目标，认真准备高校模特专业的特招考试，最终进入一所天津名校，在专业发展的道路上行稳致远。

龙斌，一个愿意努力、舍得付出，但是数学始终考不到10分的大男孩，班主任告诉龙斌他的特点是肯吃苦、能吃苦，要把这个优点发扬光大。后来他了解到东方职业技术学院有个老年护理专业，可以提前自主招生。这个自主招生考试不考数学，他开始有了动力认真准备。由于基础太差，不考数学依然名落孙山。幸运的是肯吃苦能吃苦的精神已悄悄在龙斌心里埋下种子生根发芽，高中毕业后他选择做一名厨师，由于比别人更能吃苦耐劳，已在本地厨师界小有名气，龙斌考上的，难道不是他自己的最好的大学吗？

（资料来源：《班主任之友》2020年第4期）

心理老师点评

张老师的案例再一次说明，曾经陷入困境、迷茫的学生，当自我探索被允许，被支持，活力、能力得以释放；当家长不能给予支持时，学校老师对学生的理解，不但能够给予学生力量去争取家长的支持，也可以帮助学生更好地应付来自人际交往、学业、家庭中的各种挑战。学校的生涯教育和指导是对学生自我探索最有效的支持。“很多抗逆力研究发现，校园是培育学生抗逆力的重要场所。特定的校园文化能帮助学生更快从逆境中复原”。

困境二：丰富的情绪感受与情绪管理技能不足的困境

学习压力与成长交织在一起带来的情绪，以及对抗情绪带来的疲惫感与心力损耗，同时，情绪管理技能的缺乏让他们陷入困境。

陷入困境的标志：经常被自己或他人的情绪淹没，无所适从。影响到学业、人际关系等校园活动。
走出困境的标志：能够觉察自己和他人的情绪，有自己处理情绪的方法，情绪有起伏，但是就像学会游泳一样，有节奏感，获得内心平静。

案例　夏天戴套袖，你不热吗？

◇ ◇◇◇ 行为秀场 ◇◇◇ ◇

夏天戴着套袖的同学被老师看到，老师心中存有一个疑问，有经验的好老师知道，夏天戴套袖肯定在保护什么。把她私下叫到办公室。

◇ ◇◇◇ 好教师懂学生 ◇◇◇ ◇

老师：我观察你很久了，你怎么了？有什么不舒服吗？
（当他们感觉被接纳、被理解时才愿意吐露心声。）
学生：嗯，我也不知道为什么，有时候情绪起伏很大。太难受时，就会割自己，然后心情就会好很多。

（《心理发展与教育》2017年第33期一篇文章说：大量基于回顾性的自我报告的研究显示，自伤者在行为发生时都伴随高唤醒程度的消极情绪，包括紧张、焦虑、愤怒、受挫、伤心、自我厌恶、压力感等，但在实施自伤行为之后，大部分自伤者报告这类高唤醒的消极情绪得到显著缓解。实验室条件下的研究进一步支持了这一结论，在自伤行为结束之后，个体报告了消极情绪的显著缓解，同时伴随着各项生理指标的明显下降。这说明自伤能显著缓解高唤醒的消极情绪。）

老师：多痛呀！看着就很心疼你，也让人担心。发生什么事了？老师可以帮你什么？

（从没见过学生自伤的老师有时需要先处理自己的情绪。处理好自己的感受，才能接得住学生的感受。老师向学生分享自己的真实感受，或惊讶，或疑惑，或厌恶。同时表明这些感受基于对学生的担心，表达自己愿意帮助学生的意愿。）

学生：刚上初三时，学习压力比较大，特别烦。

（青少年的负面情绪一部分来源于学业，一部分来自生理发育带来的冲动、焦虑。）

我偶尔上网看看新闻，有一次在QQ空间评论了一个新闻事件，结果不知道为什么惹怒了另外一个同学，这个同学很有煽动性，后来我被网络暴力，每天很害怕，也很气愤。

（负面情绪一部分来源于成长过程中表达自己后，对观点引发的冲突不知如何应对带来的恐惧、不安。）

这导致学不进去，成绩退步。妈妈一向要求严格，她并不问为什么，就是认为我使用手机时间太长，我想解释下，她就大哭大闹。

（学生自己的负面情绪得不到承接，家长还增加亲子冲突带来的情绪，内疚。）

每次我和妈妈冲突，不管对错，最后都是我要道歉。如果不道歉，她就找爸爸告状，爸爸再来把我骂一顿，真不知道爸爸当初怎么找了妈妈这个女人。

（青少年的负面情绪有时来自被激发的过去的未处理的情绪，比如，作为青春期女孩对母亲的嫉妒。）

那一次，我实在说不清楚。

（由于前额叶的不成熟，青少年在情绪表达上普遍言语化能力不足，很难满意清楚地说出自己的感受。）

也不想再跟妈妈道歉。

（青少年更愿意尝试新的方法处理自己的问题。）

想起网上看到的，说划伤可以心里舒服。

（网络没有情感，没有教师资格证，遇到困难身边没有信任的成年人时，青少年会去寻求网络的帮助。）

我自己回到房间，用早就准备好的美工刀划了一下。

（青少年自伤通常是在情绪无法缓解的时候，他们会做一些准备，比如：消毒。）

看到血流出来的时候，心里的疼确实似乎轻了很多。刚开始，他们都不知道，后来爸爸一骂我，我只要在手臂上一划，爸爸就闭嘴了。看到血流出来的时候，感觉压力也随之一起被释放了。

（青少年自伤研究表明：自我惩罚会让人感受到力量感。）

（家庭本来是青少年处理情绪的试验场，也是青少年学习情绪管理的场所。但是家长受到青春期孩子带来的情绪冲击时，接不住他们的情绪，他们从家庭学不到情绪处理的办法时，才会去网上寻求帮助，当然，也有青少年特有的好奇心使然。）

（有这种心理倾向的青少年中，80%左右是女孩，男孩更倾向于攻击破坏的行为，而女孩子则喜欢对自己进行残害。他们把自己割伤，往往能够感到舒服些，然而这种极乐的感觉非常短暂，过不了多久，又要重复一次。）

老师：看得出来，你堆积了很多负面情绪。很想管理自己的情绪，但似乎没有找到对的方法。

（不要评判和评论，仔细倾听自伤帮助她处理了什么。不问关于自伤的细节，一般自我伤害的人本身已经感到羞耻和孤独。）

学生：是。我也知道这样不好，因为我发现自伤有时可以转移生活中的注意力，或者释放情绪上的痛苦，开始可能会感觉好一些，但那些痛苦的感觉很快又回来了，会再次感受到想要伤害自己的冲动。

（自伤从积极的角度看，是青少年试图对自己的情绪进行管理。自伤行为成为青少年面对现实问题的一种非适应的应对方式。其最终目的是缓解个体指向自我的负性情绪，具有一定的致残、致死性，对青少年身心健康有很大危害。）

老师：听下来，你似乎陷入了一个情绪的困境，自己左突右撞，想要摆脱这些情绪的影响，最终找到的却是伤害自己的方式。

（帮助学生看到自己所处的困境，以及为了走出困境采取的方法。反馈给学生，让他看到自己想走出来的愿望。）

学生没想到老师没有把她当作问题学生，反而理解她为离开困境所做的努力，很讶异，也很开心。

老师：我最近听了一个讲座，上海市精神卫生中心提供的。教你如何觉察自己的情绪，了解情绪背后的需求，学习用自伤以外的方式来满足这些需求，你要不要试试看？

（自伤在青少年中已经不是个别现象，但因为自伤往往被视为禁忌话题，家长、朋友往往对自伤者的动机和心理状态有严重误解，好老师会主动了解关于自伤的心理知识。）

使用新方法一般会慢慢减轻她想伤害自己的冲动。

老师：你也可以找学校的心理老师，她很专业，对处理青少年情绪问题很有经验。我可以帮你约她。

学生：我先看看老师说的那个处理情绪的讲座吧，需要时再找心理老师。

分享了自己的秘密后，学生有可能在短时间内变得更糟，老师千万不要气馁。可以用倾听的方式继续陪伴学生，也可以推进寻求专业心理老师帮助的意向。

心理老师建议

对于处理青少年自伤，可以考虑这些建议——来自上海市精神卫生中心：

如果自伤是为了表达痛苦或强烈情感，

用彩色颜料在纸上画画或涂鸦，

用写日记的方式表达感受，

写一首诗或歌曲来说出你的感受，

写下所有的负面感受，然后把纸撕碎，

听可以表达你情绪的音乐；

如果自伤是为了平静下来，安抚自己，

淋浴或洗热水澡，

拥抱自己的宠物狗或猫，

把自己裹在温暖的毯子里，

按摩自己的身体，如脖子、手和脚，

听舒缓的音乐；
如果自伤是因为感受麻木，
给朋友打电话（不一定要谈到自伤），
冲个凉水澡，
在手肘或膝盖窝处放一块冰块，
嚼一些味道非常强烈的东西，比如辣椒、薄荷或柚子皮，
在网上找一个自助网站、聊天室或留言板；
如果自伤是为了释放压力或发泄愤怒，
尝试剧烈运动——跑步、跳舞、跳绳、拳击吊袋，
用拳头击打床垫，或用枕头捂住嘴然后尖叫，
挤压那种压力球或压扁橡皮泥、黏土，
撕碎一些东西（一些纸，一本杂志），
制造一些噪声（演奏乐器，敲打锅碗瓢盆）。

社会心理学研究显示：学习最重要的四个层面：注意力、专注力、记忆力、创造力都由情绪控制。

心理学家为此还做了一个实验：呈现给被试一些模糊不清的物体，比如

抽象画或者是禅宗，如果安慰剂真的有作用，真实事件是否没有那么真实呢？接下来是被要求解释这句话的意义，积极情绪的被试会比处于消极情绪的被试，对这句话有更好的理解。情绪影响认知的另一个方式是影响记忆。情绪一致性效应认为：情绪好时容易记住正面信息，心情不好的时候容易记住负面信息。情绪也会影响认知的另一个重要成分——创造力，许多研究结果证明好心情能促进创造力，可能是因为好心情能拓宽思维，并且产生更多积极的影响。情绪影响认知的第三种方式是影响启发式。最后情绪经常会影响我们理解别人的行为和行为背后的动机，积极情绪能把别人的行为归于正性动机，负性情绪则相反，情绪影响人际关系。

因此，好老师都会把调节学生情绪作为促进学生学习的一个重要方面，更愿意花时间解决学生的情绪障碍，激发学生的积极情绪。

案例　考试焦虑，与分离有关？——为自己学习虽然累，但心理轻松

行为秀场

他是老师眼里的好学生，家长眼里的好孩子，学习努力、刻苦。但考试成绩与他的实际水平总是不相称，成绩忽上忽下。越是重要的考试，成绩越不稳定。中考进入一所普通高中，家长很生气，本人很沮丧，老师很奇怪，怀着好奇跟他聊了一次。

好教师懂学生

学生：考试复习阶段就开始经常做噩梦，有一些身体表现，如心跳加速，手脚冰凉，脑子里出现考试结果不好的想象，还有父亲的影子。总是感觉累，睡的时间不短，但睡眠质量不好。

（这是明显的考试焦虑症状。心理学认为，心理紧张水平与活动效果呈倒“U”字曲线关系。紧张水平过低和过高，都会影响成绩。适度的心理紧张，可以使人对考试有种激励作用，产生良好的活动

效果。但过度的考试紧张则导致考试焦虑，影响考场表现，并波及身心健康。）

为此，考前还专门找心理老师做心理辅导，学习一些放松技术，但似乎并没有什么效果。

（考试焦虑的原因有很多种，放松技术虽然是解决焦虑问题的有效方法，但潜意识的抗拒才是学生考试焦虑的原因，放松技术很难帮到他。）

他很沮丧，说不出为什么会这样，问下来家长似乎都没给压力：“只要努力了就行，成绩不重要，但努力一定会有回报，虽然他学习还算用功，但我们觉得他的努力还不够。”

老师意识到，学生似乎有一种无法言说的感受堵在那里难以诉说。就让他用比喻的方法或者用意象描述他现在身体有什么感觉。

（无法诉说，说了也没用是青少年面对成人经常有的想法。）

学生：感觉后背很沉重，好像有一大坨东西压着走不动的感觉，夜里也经常做类似的梦。

（学生很喜欢老师让他用比喻的方式表达，那让他感觉到自己的表达是独特的，无与伦比的。）

老师：一大坨？多大？能画一下吗？

学生：好像是两大包，一包是父亲的，一包才是自己的，自己的那一包很小，爸爸的一包很大。

老师：如果包里的东西能打开，会是什么样子？

学生：一包是父亲的期待（学习金融，挣钱多，还不那么辛苦），一包是自己的期待（想进医学院，从小到医院闻到消毒水的味道就喜欢，自己在学校的生涯体验还去医院做过志愿者）。

父亲认为：自己的同学学金融，收入高。同学里原来不如自己学习好的，现在只要和金融搭上边，看起来工作既轻松，收入还高。感觉自己现在的生活不如意是因为专业没选好。当医生很辛苦，值夜班，医闹多。同学里当医生的叫苦连天，所以不希望孩子未来是这样的生活。

老师：嗯，考不好就进不了金融学校了，你上次告诉我说，金融学校比医学院分数高。那是不是意味着考不好就不用承担父亲的了？

学生：啊？！

（潜意识的力量是巨大的，且不在意识的觉察范围之内。但是人的行为会被潜意识推着走。这也是为什么人们会做出一些自相矛盾、自我损害的事情。但是当潜意识意识化，就好像光照进来。不利于自己的行为会停止，并不需要多大的用力就可以改变。）

老师：家庭里相爱的人也可以有分歧和不解，怎样取得家长的支持，如何理解家长，主动告诉父亲自己想要为自己的未来而学习。自己有勇气承担自己这部分压力，不想承担父亲的期待了。

孩子：不敢，父亲看起来很和气，但感觉他很严厉，否则不至于背这么久负担。

老师：我接触下来你的父亲似乎不是这样的，和你说的不太一样。

孩子自己有个内在父母，往往比现实的父母更苛刻、更冷酷。老师站在第三方的角度，看得到真实的父母，帮助学生把“我”和“父亲”分开，把孩子内在的父母和真实的父母做链接，就是帮助学生进行和家庭的分离。

老师和学生一起演练如何和父亲沟通，如果他说什么，你怎么想的，先说一遍。演练了几次，轻松多了。父亲听了他认真的讲述后，理解他，后面心理状态稳定了许多。

有时候，学生的学习压力、考试焦虑和与父母的分离有关，“你的期待”留在你那里，“我的愿望”放在我这里。当分离向前一步，孩子感觉到还能被家长接受，而不是在想象中认为家长一定不同意。这时，孩子就会获得支持，有向前的勇气。

老师是这样帮助学生的，通过意象让学生看见他的困境：分离的愿望，但缺乏分离的勇气，并帮助他看到，缺乏勇气来自对想象父母的不信任。借助老师的眼睛，看到真实父母的支持，鼓励他为自己负责，教给他和父亲沟通的技能。为他今后再次遇到困境打下走出来的基础。

情绪管理能力是青少年成长的重要衡量因素，自我同一性获得的青少年，体会到更多的确定感，更少的矛盾情绪感受。而情绪感受也表明青少年的自我同一性发展状况。

困境三：网络原住民自带困境：虚拟世界与现实世界的平衡

陷入困境的标志：网络依赖（网瘾），在虚拟世界不能自拔，而在现实世界无所适从。
走出困境的标志：网络成为工具，合理使用，能够平衡网络世界和现实世界中的自己，懂得网络即现实。

1995年以后出生的人群，是拥有着约3.7亿，占据中国约 27%人口的庞大群体，被研究者称为“Z时代”。他们被称为“网络原住民”，从出生开始就伴随着网络的发展。“对上一代人而言，网络是工具；对这代人来说，网络就是世界。”

他们对于互联网有天然的依赖感，并能够从网络中寻找到存在感。在他们的成长过程中，爸爸妈妈协助他们很早就开始使用手机、移动互联网。有的小朋友7岁就有自己的抖音账号，每天发布自己的视频在网上。有的家长拿打游戏、上网作为对孩子的奖励，把手机扔给孩子换来自己片刻的闲暇。同时也在不知不觉中把孩子放置到了危险的境地，正如网上一位家长所说：“kindle是她的，我偶尔借用，然后心血来潮翻翻浏览记录，就看到她看了好几本不良小说，都是高能肉文，有种马型，有受虐型，全程啪啪啪，从开头到结尾，每一章节都是如此。我惊掉下巴，她怎么会看这种小说，才初中啊，而且不是kindle商店下载的，都是自己从网上找了传进kindle的。”

网络原住民的危险在于：

（1）获取信息来源复杂：国内外各种非法的、不被允许的出版物，都可以在网上找到。

（2）负有教育责任的成人没有经历过数字化成长，对孩子很难感同身受，失去了凭个人经验教育孩子的能力。

（3）成人失去了传统家庭中知识信息的权威地位。

危险行为也为他们带来前所未有的压力：网络暴力、色情、网络成瘾。这些因素导致部分青少年在网络世界与现实世界中失去平衡。

成人也普遍感受到青少年上网的失控状态，2018年上半年，教育部专门发布《关于做好预防中小学生沉迷网络教育引导工作的紧急通知》，其中提到国家新闻出版署将对网络游戏实施总量调控，控制新增网络游戏上网运营数量，探索符合国情的适龄提示制度，采取措施限制未成年人使用时间。希望进一步引导“网络原住民”培养正确网络使用习惯，用“技术手段”为其创造良好环境。但实际运作中发现各网站的“青少年模式”形同虚设。

班级辩论赛

如何玩好网络这把双刃剑——网络的利与弊

正方：网络给我带来的好处

随时查询，知识变得触手可及，很有用的工具：网课、作业帮。获得自主学习能力，检索能力不教而得："我如何找到一个明星的地址。"感觉老师就在身边，想学什么学什么。既能学做饭，也能看量子物理。从网易公开课、ted 演讲学习了心理学、犯罪学等。

获得资讯更容易：全世界的消息都能知道，任何人想让你知道的消息都可以在网上发布。

生活便利：有了网络地图，不怕迷路、购物不受限制、娱乐、放松、情绪宣泄（网络游戏），刷抖音、看直播。

人际交往：根据自己的兴趣、爱好找到自己的社群。知乎上报道有"72 个亚文化社群"，每个人在网络上都能找到归属。

性启蒙：父母不给讲的我全知道，有些东西他们似乎还不如我懂得多。

利用网络力量对抗家长：你们根本就不懂，网上有很多关于这件事的评论。

自我表达更容易而且不受限制：自己的心情、生活随时分享，想表达什么就表达什么。

反方：网络给我带来的坏处

网络成瘾：打游戏时间越来越长，本来计划几分钟闯关结束了，但游戏给的日常任务越来越多，而且都有奖励，欲罢不能。

占据太多时间：在网上的时间越来越多，学习、户外活动的时间越来越少。

视力、身体健康出现问题：原来老年人才有的腰椎、颈椎病上身。

自我表达的证据：曾经在网上发的帖子，自己都忘记了，有一天被别人当作“有问题”的证据。

刷抖音、看短视频、看直播停不下来，太多有趣的东西吸引人。

遭遇网络霸凌，色情骚扰：自从被邀请进了一个网站，每天都想去看一些成人图片，开始感到好奇，后来变成不由自主。迷失，回不来。

遭遇网络欺诈：不知道他们怎么获得的信息，骗我说买了什么东西，多收钱了，要退给我，结果自己攒的压岁钱被骗走。

现实中和朋友越来越远，有时有种不真实的感觉。

从辩论中可以看到：因为他们同是网络原住民，对网络的感受更接近；他们对彼此的需求更敏感；他们处于相同的智能水平，思维和表达彼此容易理解；没有老师的评判，在朋友之间，青少年可以在不用担心受罚的情况下相互质疑，对对方的观点和感受更支持，在面对朋友时更容易开诚布公地交流，相互挑战对方的思想和行为。

裁判感受

老师窃喜：我做的所有蠢事都在互联网盛行之前。否则互联网的证据太多了。

老师恐惧：原来网络暴力这么容易遇到，太可怕了。网络原住民太难。

老师震惊：网络色情比想象的尺度大太多，有的甚至超出老师的知识范畴。吕然有点不好意思，但还是要赶快去学习下。

老师担心：如此险峻的环境，他们的父母给他们使用手机时提醒过他们吗？知道他们会遭遇这些吗？在没人帮助的情况下他们怎么应对？

老师羡慕：生活在网络时代，的确可以学到很多想学的知识。

通过这次辩论，让老师这个网络移民充分感受到了网络原住民的危险和压力，成人必须了解网络，青少年在网络上太缺乏成人的保护。

不能给予很好的指导，老师不要轻易进去属于他们的空间，处理好自己的控制感，要感同身受，理解和接纳。理解他们需要创造属于自己的空间。

辩论中同伴互相激发，很多从没呈现过的问题、藏着的苦恼浮出水面；遭遇的困境被诉说出来，在解决共同的问题时有了表达的机会。有的他们还意识不到，比如：网络色情和自我表达的证据，当老师提醒时，他们才意识到问题的严重性。

辩论对青少年是师生影响彼此很好的方式。辩论中产生的新的认知冲突引发了自我平衡的需要，激发思考，不知不觉中推动了变化的产生。

费斯汀格的认知失调理论

费斯汀格认为人们会试图在行为、态度、价值观之间建立内在一致性。以上因素间的冲突即认知失调，会带来内心不自在的状态。这种状态会使个体产生改变的压力，并避免再次陷入认知失调的境况。

针对辩论中浮现的共同问题，好老师和他们一起讨论，最终他们是自己解决自己问题的高手：

（1）遇到网络欺凌怎么办？

《中国青少年互联网使用及网络安全情况调研报告》指出：遇到过网络欺凌的青少年比例最高达到71.11%，其中以网络嘲笑和讽刺，辱骂或者用带有侮辱性的词汇的形式，比例最高。其余表现形式还有恶意图片、动态图语言或者文字上的恐吓等，遭遇场景多样化，包括社交软件网络社区、短视频和新闻评论区域，对青少年的身心健康造成很大影响。

讨论结果：网上的活动是会对人产生实际影响的，网上也要注意言行。他们意识到每一个施暴者也曾经是受害者，每一个受害者不要变成施暴者。面对网络欺凌，忽视他们！不回应他们！应对网络欺凌的最好办法就是忽略它，直接删除对方的联系方式，阻止那些人再给你发一些你可以看得到的信息。对网络欺凌者的回应正是他想让受害者做的事情，很少有网络欺凌者有耐心继续骚扰没有回应的人。

（2）网络上展示自己的注意事项。

据调查，77.9%的青少年喜欢在社交平台，诸如QQ空间、微博、微信朋友圈，分享、展示自己的生活、心情，有记录自己的习惯。

青少年在展示的过程中建构着

自我，是建立自我同一性的需要。

但网络是有痕迹和记忆的，他们展示的自己正在成为未来的证据。在美国最近的一次调查中，77%的雇主报告说他们会使用搜索引擎，来对潜在的候选人进行了解，其中35%的人曾根据网上发现的不良信息淘汰过候选人。所以，网上的个人展示就是他们的公开简历，未来的大学和雇主可能会查看孩子的数字痕迹，而且他们会据此做出决定。

发帖之前是否可以思考下，用"真相""善意""必需"这三个筛子进行过滤，学习为自己的言行负责。总之，发的帖子、写的东西和上传的内容可能让他们受益终生，也可能会贻害无穷。让他们懂得需要对自己的言行负责。"我只是发了张图片，被很多人评论，丑——奇丑。"

讨论结果：明白"网络即现实"。如果在现实中对自己缺乏自信，当网络评论袭来时，并不因为是网上就会感受更好。不想在网络上留下太多的证据，就要谨慎展示，为自己争取良好的支持环境和宽容的个性发展空间。并且要正确看待网友的评价。

（3）发现自己处于游戏失控状态怎么办?

家长说："我不知道他每天上网好几个小时在干什么？"老师说："作业原来是这样互相抄袭的。"每天上网通关，原来几分钟就可以做完，但花的时间越来越多，不仅占据了他的交友时间，还占据了很多学习时间。青少年体会和感受到网络的吞没感时，不知道如何求助，经常陷入自责，把自己置于消极情绪的恶性循环之中。

讨论结果：承认自己的失控，接纳自己的状态，改用他律。

（4）学会保护自己，对网络色情持警戒心。

据调查，网络交友多数是现实生活中的同学、朋友，作为网络原住民，他们对陌生人是有警戒心的。但是青少年生理发展的微妙变化大大增加了他们的好奇心与探索欲。很多青少年通过网络了解性知识，通过色情片来认识两性关系。"性教育远远跟不上青少年的心理发展，性知识匮乏却无法从正常渠道获取，性意识混乱却无处寻得正确引导。"需要他们知道：真正的两性关系不是网络上看到的，网络上的和现实生活中的并不一样。

案例 高中女生的性探索

行为秀场

高二女生，喜欢文学。有人主动加好友，开始聊文学，慢慢发展到互喊老公老婆，她原本以为闹着玩，但后来被要求学习“文爱”。起初她当作“没看见、不理会”，这通常是青少年最常用的应对方式。

但强烈的好奇心以及被激发的性欲，推动着她感觉到不妥，有问题，但还是继续。面对网络风险，青少年多数选择不理会，但也不太愿意和成人沟通，伴随这种改变而出现的是一种模糊的兴奋或恐惧感，感觉自己和自己周围的世界似乎发生了改变，变得与过去不同了。后来在和同学私下传女生自慰图片时，被家长发现，家长找到老师，自己不知如何跟孩子讲，希望老师想想办法。

好教师懂学生

老师要让家长知道：不要害怕。当青少年感受到性欲时，一般他们会有两种选择：一是自我消化，二是寻求帮助。所谓自我消化其实就是将成长过程中的困惑与烦恼一味地压抑下来，寻求帮助是他们会在同龄人中寻找有经验的同伴获取知识，是在努力学着控制、调整自己的性欲。好老师知道虽然他们通过学习、运动等方式转移注意力，但依然会引起心理上的焦虑和不安，有时也会导致行为上的无序与混乱。

好老师需要上一节专门给女生的“性知识普及课”，降低这种陌生的变化对他们的冲击，减少他们情绪困扰的来源。每一个成功摆脱色情网络控制的故事都始于公开谈论这些信息。

第一，性器官就像手和脚一样是个器官，每个人都有。

第二，当性器官发育成熟，女生有怀孕的可能性，男生有了使别人怀孕的能力。因此任何时候都要学会保护自己，防性侵。

第三，从有了性冲动到真正的二人伴侣生活需要很长时间。

第四，远离网络上的所谓“文爱”，远离性感受被激发的环境。

第五，过早开始性行为，会阻碍个人认知和情感的进一步发展。而且对性对象的依赖，会导致更加依赖生活中的其他人。

第六，女生自慰很少有人提及，但网络上无处不在，女生会有更多的羞耻感和罪恶感。

第七，当尝试用自慰时，意味着掌握了方法。在整个对生殖器的认知发展过程中，女性的自慰也是非常重要的：“潜伏期阴蒂、早期对阴道插入的愿望与恐惧、晚期将阴蒂自慰作为激发包括内生殖器在内的快感的手段。不断体验身体的自我满足感，能够帮助女生实现身体自主。”（《性与家庭客体关系的理论》）

第八，老师可以通过小纸条班会及匿名的方式了解女生希望知道的男性性知识，并予以讲解，满足她们的好奇心。

男生课程，老师播放印度视频：《父与子的性教尬聊》。一般，男生会和另一个男生说：不要频繁，会影响健康。去运动吧！男生自慰得到大众认可，男生之间也会交流关于自慰的经验。一个时代性的变化是悄悄话在团体内讲解。

小纸条班会

小纸条班会通常用来解决一些青少年的敏感话题，比如：性、恋爱、人际关系、亲子冲突等等，这些话题给他们带来情绪困扰，但是又很难主动交流。小纸条班会由班主任利用班会时间，请同学们匿名把所有想谈但无人可谈的话题，写在小纸条上，统一放进一个箱子里，让每个学生从中抽取，如果抽到的是自己的问题，可以放回去，但每个人必须回答他人的一个问题。

青少年只要有机会，并不吝啬表达自己的观点，而且因为是同龄人的问题，他们还会彼此碰撞，在碰撞中他们的认知扩大，解决问题的能力提高。比如：有位高一女生小纸条中写道："自己虽然从没谈过恋爱，但感觉已经被男生伤害了三次，问：是不是所有的早恋都是苦涩的？"那是因为她的三个好朋友分享她们的苦涩爱情故事给她听，她把自己带进故事，用别人的经验替代了自己的感受。当她把这个故事写进小纸条时，在写的过程中她的情绪已经得到一部分释放，在别人解答她的问题时，又开了她的脑洞。有男生、有女生分享自己甜蜜的爱情感受，也分享自己短暂的失败恋情给自己带来的收获，以及对婚前性行为、未来家庭和伴侣的想法，这些都是那三个伙伴不曾给过的体验。这次班会课从中学生应不应该谈恋爱到如何谈，什么情况下分手，包括谈恋爱如何影响了自己的学习等都涉及，比老师设计的内容丰富很多，也更贴近学生的生活。

小纸条班会帮助青少年释放情绪，让其认知得以扩大、能力得以提高，关键是老师只需要认真听、少评价，最后在关键的问题上点到为止，老师并不费力。

（5）网络朋友多于现实朋友。

网络交友的原因，第一，是主动，对方主动申请成为我的朋友；第二，舒缓学业压力；第三，认识志趣相投的人；第四，与家人的关系欠佳；第五，讨论社会热点话题。问题不在于他们网络上交朋友，而在于现实中没朋友，对网络朋友的过度依赖远离现实生活。

（6）网络对情绪的疏解作用：抖音、短视频等。

只有在他们相信这么做能改变自己情绪的时候才会这么做，是一种主动的、有意识的选择。

社会心理学研究证明，很多人在情绪低落的时候会进行能提升情绪的活动，比如：购物、吃东西、喝酒等，有人曾假设这是我们屈服于诱惑的结果，研究结果证明，参与这些活动反映出有意识控制情绪的策略。尽管我们知道这些事情。从长远来讲对我们是不好的，但是它们至少能暂时让我们感觉更好。这些行为能帮助我们应对那些强烈的负面情绪。

为了检验这个假设。他们第1次通过给被试一些故事，让他们自己想象是一个英雄或者主角，从而影响参与者的信心，首先让被试进入情绪好或者不好的状态，通过读一段故事，内容是他们救了一个小孩，或者他们闯红灯撞死了一个小孩，之后告诉他们，他们的情绪会随着时间改变。然后告诉被试，他们要进行一个智力测验，并且进行等级评定，智力测试之前他们有15分钟练习时间，然后实验员将他们留在一个房间里，房间里有练习材料和诱惑物。心情好的人会更愿意做智力测验，而心情不好的人。会进行这些娱乐活动。所以情绪不好的人，会更容易被诱惑物所吸引。

网络原住民们并不单单生活在网络世界中，他们终究是现实社会的一部分，青少年在网络上遇到的问题更愿意寻求成人的帮助。在上网时，遇到一些自己不能处理，或是不能决定的事情，需要向父母、长辈或学校老师咨询，不能一味按照自己的方式去处理。同时也要相信他们，作为网络原住民的青少年是绝不会满足于“受众”的角色，他们正在从受众到传播者再到内容生产者转变，“使孩子们能够得心应手地处理好将来出现的各种问题”。

目前，网络原住民的自我同一性建立理论研究较少，但是，从一线教师对现象的观察来看，网络为青少年的自我探索提供了前所未有的机会，同时也带来了很多的危险与压力。因此，自我同一性的建立所需的时间更长。

案例　手机的壳碎与崩溃

网上有一段视频，父亲跪在死去的儿子身边嚎啕大哭，围观群众扼腕叹息。孩子是个初中生，事发当天一直在房间玩手机游戏。催了三次，生气的父亲一把夺过手机，直接从高楼扔了出去，情绪失控的孩子当即跟着手机跳了下去。

杭州一14岁上初一的男孩儿，在睡前拿着手机玩五子棋，其母亲催了几次早点睡，见他没有反应，就将手机夺走并训斥了一顿。谁知一气之下，该男孩直接出门跳河。其母亲在河边痛哭：“我只是叫他早点睡觉啊，把手机拿过来，想不到他会这样……”据杭州余杭区星桥派出所称，公安、消防人员在河道里搜寻数小时未果，所幸，该男孩跳河后游到对岸，躲了几小时后回家。

而就在不久前，郑州一16岁的男孩因想玩其姐姐的手机遭到拒绝后，砸了家中的一些物品，就跑到了其租房处附近的七里河边跳河，等救援人员打捞孩子上岸，这名少年已溺水身亡。

大人们不禁要问：手机到底有什么魔力？为什么这么多被没收手机的孩子会付出生命的代价？值得吗？

行为秀场

小明，初二男生，平时在学校住宿，周末回家两天。一般情况，小明周五回家都会玩很长时间的手机，但不耽误周六写作业、上外面的辅导班。父母心中虽然感觉不适，但体谅孩子一周来在学校的不易，同时也接受手机、移动网络是现代人生活的必要部分，因此，周五从未阻拦过孩子。尤其是看到新闻的报道，即使自己有时不开心，也从未没收过手机。只是尽量控制他的手机使用时间。

直到有一天，和往常一样小明周五从学校回家，从妈妈那儿拿了手机，不吃、不喝地开始玩。夜里2点爸爸起床，看到他房间的灯还亮着，进去一看，还在玩手机，就劝了几句，说早点休息吧，小明答应。第二天早晨，妈妈起来一看，孩子已经玩了一夜。当家长感受到孩子的失控感时，自己的情绪也容易被带到失控。而且孩子也曾经向母亲表达过自己对于网络依赖的担忧，还曾建议妈妈看到他失控时提醒他。于是，收掉手机。

第二天，孩子把自己锁进房间，一天不吃不喝，不做作业。家长不知道孩子在房间里的举动，很担心，想起网上的孩子跳楼视频，家长无奈之下联系老师。

好教师懂学生

进入青春期，亲子冲突增多，尤其是网络使用引发的亲子冲突，多数发生在家庭，老师并不知情。老师听家长的描述，感觉不像是自己眼里的学校那个乖学生。家里的他和学校的他似乎是两个人。

老师和家长的信息结合起来，构成了一个完整的他：在学校，他是个好学生，认真努力，但课堂上很少主动发言。有点内向、胆小，下课喜欢自己趴着睡觉，对于学校的活动也是随着大流走，不像有的男孩子喜欢和同学打打闹闹，和同学感觉比较疏远。在家里，父母比较宽容，随心所欲，但因为家里人都比较内向，除了穿衣、吃饭、作业，父母问一下以外，很少交流情感。父母仅仅是控制他的手机使用时间，至于用手机干什么几乎一无所知，偶尔听他提到喜欢看网易公开课和 discovery。

老师仔细回忆该学生本周在学校的情况，突然想起似乎听历史老师说过，在历史课上很少说话的他因为一个历史问题和老师争辩了几句。这是以前从未有过的事情，会不会是因为这个原因，周五回家后发生异常？老师让家长把手机先给孩子，避免他一个人在房间里有自我伤害的举动，周一到校后再说。现在很多沉溺网络的青少年发生突发事件，就是因为手机被收。

周一到校后，老师主动找他谈了谈最近的生活，了解到：正如其他沉溺网络的青少年一样，他在现实中缺少他认为的知心朋友，觉得别人不可信，不敢跟人讲真心话，只愿意和陌生的网友交流；心情不好时在游戏中骂骂脏话，通过手机打打游戏发泄情绪，心情好的时候看看自己喜欢的 discovery；有时候刷刷抖音，看看吃播，放松自己。也觉得在网上花费时间越来越多，感觉要失控。“我自控能力就是差，我果然不如别人”，离现实就越远。他一方面想要控制自己，一方面又需要网络，来发泄情绪，寻找安全感、朋友、开心、快乐，以及成就感。

每当他在现实生活中感到要崩溃时，就躲进手机的壳里，在那里发泄掉所有的负面情绪，再把近乎崩溃的自己收拢起来，聚成人形，这就是为什么每周五回来他都要玩很长时间的手机。历史课上当他鼓起勇气，把自己在网络上看的知识与课本里的知识对照，告诉历史老师时，没有得到肯定，老师虽然没有批评他，但他依然感觉自己像是做了天大的错事。周五回来后，就想好好发泄下，谁知玩游戏时又在网上被骂，游戏也玩不好。“半夜爸爸提醒我，我答应了却做不到”，所以当自己的手机被收走的那一刻，感觉自己就像是被脱光了衣服一样，体会到深深的羞耻感。

据研究，羞耻感在负面感受中是让人最无法面对和难以承受的，羞耻感通常隐藏在抑郁、内疚、精神痛苦、愤怒或焦虑等这些纷乱的状态之中，很难被识别。中国人似乎也羞耻于讨论羞耻感。在一些沉溺网络的青少年眼里，看手机就成了他为避免羞耻感所使用的保护性策略。当手机被收走，羞耻感出现，青少年被遮蔽的脆弱和快要熄灭的生命渴望不堪一击，极容易采取极端冲动的行为，最后演变成灾难性的事件。刊登于英国心理治疗杂志的《基于家庭系统视角的羞耻感和自杀问题分析》中提到：羞耻感与自杀有紧密的关系。

这个学生后来向老师承认，自己想过很多次死亡，还曾经怀疑自己得了抑郁症，在网上对照过自己的症状。也曾经站在过窗口，那天手机被收走后，自己也的确想过自杀，还写了遗书。当妈妈把手机还给自己后，人一下子松了下来。

老师知道他喜欢看 discovery 频道后，也分享了自己对这个频道的看法，寻找到共同点后，学生把老师当朋友，老师鼓励他向校报写了一篇推荐 discovery 频道的报道，通过校报，他又发现了几个有共同兴趣的不同年级的同学。虚拟环境带来的感觉和现实带来的感觉的差异，让他感受到真实的现实体验。成年人很多没有掌握的技能，网络原住民已率先掌握。因此，他们中的一部分人生活在成年人看不到的地方。国内研究人员最近几年才开始研究青少年的网上关系。作为老师，一线青少年工作人员，针对网络原住民，在缺乏实证研究的前提下，用自己对青少年爱的本能工作，是可以帮助学生避免极端事件的。

网络移民不知道的网络机会：网络游戏给青少年带来的到底是什么？

“谨以此片献给被理解和被误解的青春。”这是《电子竞技在中国》的开篇主题，这句话的背后，是中国电竞行业历经20年发展，从“洪水猛兽”到亚运会为国争光，从“不务正业”到央视正名，最终获得认可。艾瑞咨询发布的《2020年中国电竞行业研究报告》显示，2019年中国电竞整体市场规模突破1 000亿元，预计2021年将达到1 651.4亿元，电竞用户数量达4.7亿人，2020年则将达到5.2亿人。

好老师的自我进阶：帮助学生走出困境，要有足够的视野，不断学习，拓展自己的世界，否则会给学生带来伤害。电子游戏多年来在学校背了很多“锅”，最近首档“英雄联盟”真人秀《超越吧！英雄》的播出，帮助好老师看到平时在学校看不到的学生可能发展的机会：电子竞技的“钱途”与“前途”到底怎样？网络游戏给青少年带来的到底是什么？

1997年出生的张伟，来自江苏盐城。初中的时候，张伟没有打过游戏，“那一天，我和朋友们玩了一个下午，虽然一直输，但我却喜欢上了游戏。”他几乎把所有学习之外的时间，都用在了游戏上。（如果我所在的班级有这样的学生，学生收到的更多的一定会是老师的批评。）

“我在度过一段瓶颈期之后，重新思考了一下打游戏的方式，就完成了前十名的目标，于是也有职业战队向我发出了邀请。”张伟说，“不过妈妈还是很反对我打游戏，她希望我按部就班地上学，找一份稳定的工作。”支持张伟梦想的，只有爸爸，遗憾的是爸爸在4年前因病去世了。爸爸在弥留之际，用生命的感悟告诉儿子，人生实现梦想未必要按部就班地来，如果决定把游戏当作自己的梦想，那就不要放弃。

于是妈妈陪着张伟一起去俱乐部看了看，聊了聊，终于同意让儿子从高中休学，去尝试一下。张伟现在已经是优秀的职业选手。

古月泽宇从小就品学兼优，德智体美劳全面发展，1.83米的他还曾经帮助学校拿过宁波市中学生篮球冠军，是学校出了名的“三好学生”。高中时，因母亲太忙，古月被送入寄宿学校，因受环境影响，开始打游戏。虽然遭到母亲强烈反对，但他依然坚持走这条路，觉得打游戏也可以有前途。关于未来，古月说自己并不会离开电竞行业，对他而言，这个圈子可以发展的事业还很多，“做教练，当主播，拍视频……这些都可以做”。

随着科技的进步，社会规则也在发生变化，其实很多青少年学习成绩不好，不是因为他们不懂学习方法——老师教给了他们太多的学习方法，更不是他们学习能力不行——青少年的大脑是最适合学习的。他们的问题在于缺乏学习的信心，而这种信心的缺乏往往源自缺乏对成人世界的认同感（李孟潮语）。他们更愿意学习他们认同的东西。当社会规则变化，两代人的冲突是社会规则变化的冲突，青少年可能一部分代表了这个社会变化的方向，越来越好还是越来越差现在还没有定论，车轮滚滚。小孩子因为生活在其中，会看到大人看不到的规则雏形。这个规则可行不可行，是需要秘密地检验的，这个秘密检验只能在同龄人之间进行。也许孩子比我们要清楚未来的某些社会规则，因此，当方向不明、规则不确定时，比如就像不知道网络游戏给青少年带来的到底是什么时，传递社会规则的学校、教师是不是可以少一些责难，多一些观察，给一些理解，至少不让愿意尝试新事物、勇于探索的孩子在学校受到伤害。

困境四：对同伴的需要以及人际关系的建立和维护的技能不足之间的困境

陷入困境的标志：社交焦虑（感受被排挤、退缩）、讨好同伴、校园欺凌。
走出困境的标志：获得亲密关系的能力，同伴成为支持，敢于竞争，懂得合作，进入三元社会。

案例　为什么没人喜欢我——社交焦虑

行为秀场

晓敏，高一女孩，刚开学时，她很喜欢说话，开始也总有几个同学围着她，听她讲明星八卦、趣闻轶事；别人似乎很难插进话去，偶尔说几句话，很快话头就被晓敏截过去了；有时同学们在热烈地聊着什么，她过来后总是能打断别人说话；不管同学聊什么话题，她总能把话题转到她自己的身上，然后说个不停。已经有同学表现出厌烦，但她似乎看不到同龄人的面部表情，也看不懂周围环境的变化，只顾自己表达，对别人不感兴趣，身边的人越来越少。

这类学生就是典型的对同伴有需求，却不知如何建立和维护人际关系的青少年。人际能力不足，往往不是进入青春期开始的。但是，进入青春期后对同伴的迫切需求特点更加暴露了他们人际能力不足的问题。自恋是一种对自己的看法会膨胀，而对他人感觉基本没有什么兴趣的倾向，一开始他们表现得很吸引人，外向、友好、受人喜欢。之后他们被了解得越多就越招人讨厌。

受欢迎还是被拒绝，晓敏很快就会感知到了。

孤独的晓敏下课后，看着别人热烈地谈天说地。再也没人听她讲关于她自己的事了。她感到很孤单，心情也一天天变差。

一定程度上，当青少年在社交中表现出适宜的行为，他们就会与同伴建立起积极的关系，然而如果他们的行为在社交中看来是不适应或者不规范的，那么就会导致同伴的拒绝。在不受欢迎的青少年中，“依赖性强”“搬弄是非”“看不懂别人的暗示，比如：面部表情、身体语言”“边界不清，比如：总是不经他人同意，使用他人物品”“防御心过重，比如：内心封闭”“表达能力太差”“自来熟，交浅言深”“过于情绪化”“太自我中心”等特点明显。

在青少年心理问题中，50% 左右是与各种人际关系有关的。青少年的人际关系包括：同伴关系、师生关系、亲子关系、异性同学交往。人际关系技能不足不仅导致青少年的自我怀疑，而且由此引发的情绪问题也屡见不鲜。青少年在遭受类似被群体排斥这种社交压力时，会变得难过和焦虑。

成人通常难以理解“好朋友不理我了”“为什么我不受欢迎”“某

某的人缘好，情商高，我也想这样”。事实上，同伴关系源自人类对于关系的需求，与同伴交往能够增强青少年的安全感，降低与父母分离带来的焦虑。如果不能通过建立同伴关系，走向家庭以外的场所，青少年往往会退回家中。这更难完成青少年的分离任务，自我同一性的建立难度增加。

好教师懂学生

老师看到她的孤单：你之前遇到过类似的问题吗？

（老师想确定下，是新环境适应不良还是人际能力不足。）

学生：我初中时也是这样，刚开学时，和很多同学是好朋友，但不知道为什么，慢慢地，朋友越来越少。进入高中后，我很怕再发生这样的情况，结果现在一个学期还不到，已经这个样子了。为什么没人喜欢我？怎么办啊？可是，我真的不知道为什么？

老师：初中遇到这类事情时，你是怎样处理的啊？

学生：妈妈说：你又不是人民币，哪能人人喜欢你？知心朋友本来就不容易交到。没人玩，自己玩好了，这些人玩不到一起，就换一些朋友。我上学的时候，跟我们班的同学也玩不到一起，但是跟其他班级的同学玩得很好。

（一般情况下，遇到人际问题，他们会寻求家人的支持，母亲看来曾经可能有类似的困难，但是自己找到了化解的办法，接收不到孩子的难处。家长理解不了青少年对同龄人的需要，学生的焦虑的心情没有得到缓解，同时因为得不到有效的帮助，更加无助。）

老师了解到妈妈没有给予有效的帮助，学生也没学习到妈妈的交友策略。决定帮助她成为一个别人眼中的好朋友，培养一些相关的技能，帮助她找到朋友。否则，这可能将是她一生的功课。

老师：你能说一下，跟同学在一起时，你们都谈些什么吗？

学生：我就说一些……

老师：他们是什么观点呢？他们是怎么想的？

学生：不知道，一点都不知道。

…………

经过进一步探索，晓敏与他人交谈时，她大部分时间都在谈论自己，并且总是抱怨自己身边的人和事，很少倾听周围的人在说什么。这样就很容易理解，为什么潜在的朋友都会离开她。成年人知道，我们总是倾向于远离那些拥有过多负面言论的人，远离那些总是不断谈论自己而不愿意倾听别人的人。但是，有些青少年并不知道。

老师建议晓敏应该积极地聆听周围的人，跟只谈论自己相比，聆听能够为她带来更多的好处。老师向她介绍了一些倾听技巧。强调了通过倾听来获取他人信任和尊重的重要性，学生对这些技巧表现出浓厚的兴趣。因为在她的家庭中，爸爸、妈妈、爷爷、奶奶，四个成人围着她转，需要什么，一个眼色就有人满足她的需求，既没有人教，也没场合给她练习。小学时就遇到人际问题，家长觉得是别人家孩子不懂事，初中时遇到人际问题，妈妈说可以换一批人。她意识到，之前确实可能是由于缺乏倾听，才导致了自己被孤立。她开心地发现，自己是可以做到倾听的，并感受到了因为倾听给她带来的好处。

老师和她一起选择了一个对象来尝试这些技巧，并且讨论了具体细节。一个星期后，她表示自己已经交了第一个朋友，自己已经不像之前那么悲伤和抑郁了，也不再感到孤独和无助。其次，她注意到，当她想要倾听别人时，关注点就集中在了别人身上，就不再总想着自己，然后感觉就好多了。

自打尝到倾听的好处以后，随着她朋友逐渐回到她的身边，和同学的交流越来越多，获得的同学信息也越来越多。有一天，她又似乎遇到了麻烦。因为她不知不觉把一个朋友的秘密泄露了。

在同伴交往中获得人际技能是青少年成长的必经之路，他们在其中反复经受着考验。为此，老师做了题为“如何做一个好朋友”的班级讨论，就像辩论网络使用一样，他们彼此能够感同身受，对朋友需求类似，在讨论中还能呈现问题，最终经过辩论、讨论、争吵。他们获得了属于他们的人际知识，加上老师的补充，每个人得到了一本《好朋友秘籍》：

（1）人际能力需要一点与生俱来的天赋，缺少天赋的也可以看别人是怎样做的。

（2）花时间和朋友一起多做有意思的事。

（3）学习发出自己的声音，习惯不发声音的人很容易被忽略。

（4）真正关心彼此的悲伤和麻烦，也不畏惧展示自己的脆弱。

（5）学会发现朋友身上的未知之处，如果能够发现他自己都没发现的自己，一定告诉他。

（6）友情是可以修复的，在争吵之后学会道歉、做出改变和妥协来，就可以修复友情。

（7）了解彼此的特长和兴趣，通过共同的兴趣爱好来结交朋友，而不是看谁更受欢迎，并且远离那些不友善的朋友。

（8）请学生分享同龄人的社交暗示解读，示范健康的应对方式。

（9）朋友间主动、真诚、宽容，为朋友保守秘密。

（10）不怕和朋友冲突，“不打不相识”，敢于和朋友竞争。

案例　为什么这么多学生号称“社恐”？真的还是假的？

行为秀场

开学期间，请同学自我介绍，轮到晓林时，他面色涨红，半天说不出话，课后老师找到她，他主动说：我是社恐。

老师惊讶，“社恐”是个心理学专有名词，全名社交恐惧症。难道这个词普及率这么高了？

老师：谁告诉你，你是社恐的？

学生：听同学聊的，我也去网上搜了下，感觉里面说的就是我。我每次到一个新环境，都有点不知所措。恨不得带个“便携式地缝”，随时逃掉。记得刚进小学时，坐错了座位，被原来座位的同学赶走，后来就特别怕坐错位置。

老师：然后呢？和同学关系怎样？

学生：和同学关系还蛮好的，同学们都觉得我幽默，有意思，说我“闷骚”。初中时的朋友也不少。

老师：你啊，这怎么是社恐呢？给自己贴标签吧。贴上标签，是不是就觉得安全了？其实是想融入他人，希望自己是个受欢迎的人。是不是还因为这个标签结识了也号称社恐的朋友？

学生：哈哈，老师，我是假社恐，那么真社恐什么样？某某才是真社恐对吗？

随着人们对心理问题的关注，心理学知识不断普及，有一些名词被滥用。比如：社交恐惧症。在班级问下来，几乎所有的同学都知道这个名词，甚至有一半的同学认为自己社恐，社恐好像成了一群人的归属。贴上标签后，就躲在了标签后面。就像晓林，到了一个陌生的环境，难免心中慌乱，这是人们对新环境适应的心理调试过程。并不是真正的社恐。

真正的社交恐惧症，胆小、封闭。他们时常感到孤独，却又难以主动结交他人，处在不断的自我否定和焦虑之中。时刻担心自己万一说出什么话会造成不可挽回的后果，社交恐惧症是排在抑郁症、酗酒之后的第三位心理疾病。网络下正以难以觉察的姿态迅速上升。

晓林说的某某是班级一个男生，他就是真正的社恐：从不敢课堂发言，当被迫站起来回答问题时，在有一丝可能被别人观察或评价的情况下，都会感到特别害怕、紧张、焦虑，如果有一句话没有说对，会想一整天；不敢去教师办公室问问题（宁可去网上搜，也不问老师）；和同学在一起时，当意识到自己的观点和别人不一样时也不敢表达自己的观点；就好像戴上了有色墨镜，看什么都隔着一层灰色。心理学上指在注意、解释和记忆上都出现了一点偏差。

◇ ◇◇◇ **好教师懂学生** ◇◇◇ ◇

注意偏差：当老师偶尔提问他时，他会想：为什么老师总是一直盯着我提问呢，是不是觉得我没听懂，还是等着我出错呢？别人都听懂了，比我做得好，我果然不行。他的眼睛像极度敏锐的探测器一般，注意力放在了检测自己的问题上。

这类同学不管在哪里，首先表现的就是愤怒、不爽、不友好的表情、举止和话语。会忽视社交情境中的积极信息：“你对这个地方的表述很清晰啊。”他们首先发现消极信息：“但是这个地方需要加强一下。”并将注意力更多地分配给消极信息。他们比身边的朋友更容易注意到愤怒的表情、消极的评价。“他刚才看我的时候，眼神充满了不屑。”

社恐的人经常会觉得自己懂读心术。“我刚才看起来一定很蠢”，把自己的注意力从外部那些让自己不愉快的信息转向了自身的价值，而不是在事情本身。这类同学不但自己对自己的评价一向不高，还假设这种消极的评价也是别人对自己的看法。“他们肯定都这样认为，只是不好意思说”，这后面的一连串内心独白让自己越陷越深，痛苦地沉浸在自己的思维里出不来了。内心独白的后半段全是对自己的评价，还坚信别人也是这么想的。

接着，当他们注意到消极信息后就难以自拔了，这让他们体验到更多的消极感受，更加难以接收到其他的积极信息。

解释偏差：有一次，他在体育课上模仿体育老师一个很棒的头球动作，还模仿了老师平时说话的口气，同学们觉得他模仿得很像，大家哈哈大笑。“我说了什么，做了什么，他们那么开心。一定是我做了傻事。”他不认为别人的笑声也许是认为他说的很有趣、很幽默、好玩、有意思，他自己只是按照自己的解释，觉得特别尴尬，觉得人们在嘲笑自己做得不好或者表达不清楚。尤其在面对一些模糊情境的时候，社恐的解释好像总是消极的，把同伴们的笑看作嘲笑而非开心地笑。

记忆偏差：在社交场合的这种过度焦虑不但让社恐过多关注自己的担忧，还影响了记忆，事后反思、日后回忆时只记得当时引起自己强烈负面情绪的部分，完全忘记了那些积极的部分，这又进一步验证了自己社交无能的想法。

部分青少年假社恐的困境解决方案：

（1）随着社交技能的增加，社交能力的增强，和他们一起揭下“社恐”的标签。

（2）正常化他们的行为：这个年龄的同学很多都有这样的想法，不信你去问问别人。很多成年人在这个年龄也会有这种感觉，比如老师我。

（3）帮助增加觉察力，深呼吸。每当观察到自己出现那些觉得自己在读心的想法时，悄悄地深呼吸一下，把注意力从自己心里的想法临时转移到呼吸上。

（4）给予具体指导：将注意力集中在别人身上，问一些关于对方的问题，也许别人也回答不出的问题。比如：你对这件事怎么看呢？用眼睛看着某个人，全神贯注地倾听他说的话，并给他积极的回应。“原来你是这样想的，你不说我居然不知道。”

（5）与孩子一同回忆他在与人交往中受挫的点滴片段，并且肯定和赞赏孩子的观点，老师所做的努力都是为了理解孩子行为反常，不能融入周围环境的原因，通过这样的沟通交流，使孩子心中那个最初天生的自我保护的精神屏障和制约孩子发展的牢笼，被一点一点地搬移开来。

但是，有一部分社交恐惧症患者，是来源于最早与父母的相处模式。他们有的不会求助，有的觉得自己不需要，但却困于关系之中或没有关系，这又是为什么呢？亲子关系的亲密度、家庭情感表达等可能会影响青少年对社交关系的态度。如果童年时期曾经有过被情感虐待、情感忽视的经历，或者曾经在社交场合中遭遇尴尬、伤自尊的场面，比如被家长、老师责骂，被同学取笑、欺负等，而这些情绪在之后的成长过程中也没有得到很好的排解，那么以后，他们患社交恐惧症的概率就会更高。

鲍尔比的依恋关系理论

其最早来源于三种依恋模式：安全型、回避型与矛盾型。研究发现：回避型依恋和矛盾型依恋模式与社会退缩呈现显著相关。回避型依恋无法从依恋对象处获得支持，因此他们否认他们对社会联系和社会关系的需要，以避免亲密关系、情感亲近和人际关系的相互依赖。社会退缩行为正是个体应对依恋创伤的避免策略，他们避免社会交往，避免社交场合、人群、公共场合，也不信任他人，在面对问题时拒绝寻求帮助。

而矛盾型依恋青少年经历了依恋对象不一致的反应，他们试图获得依恋对象的支持，但又害怕遭到拒绝，无法获得期待的支持，就很容易陷入“接近与回避”的矛盾之中。

也有研究表明：社会退缩与安全依恋也存在相关性，一些青少年与安全依恋对象建立了安全的依恋关系，家庭为他们提供了充分的情感支持和物质帮助，父母采取溺爱与保护的教养态度，使得他们过度依赖，一旦养成了过度依赖的习惯，而不愿意改变生活方式加入社会，这也就剥夺了他们的自主权利和探索外界的机会，缺少主动的社会交往，会导致其社会交往技能差，而更进一步促使其避免社会交往，最终将自己置于舒适的环境中而拒绝探索外面的世界。信息获取渠道的增多和便捷，在方便人们线上交流的同时，也使得现实生活中面对面的人际关系受到挑战，网络的使用在一定程度上改变了人们交流的方式。研究表明网络成瘾，与社会退缩呈显著正相关。这可能是因为个体长期宅在家中沉迷网络，缺乏与他人的实际交流和互动而导致的。社会交往产生社会。往往存在社交焦虑的人，害怕与人交往，而网络成瘾与社交焦虑密切相关。

案例 《少年的你》中的场景如果重来——隐秘角落里的校园霸凌

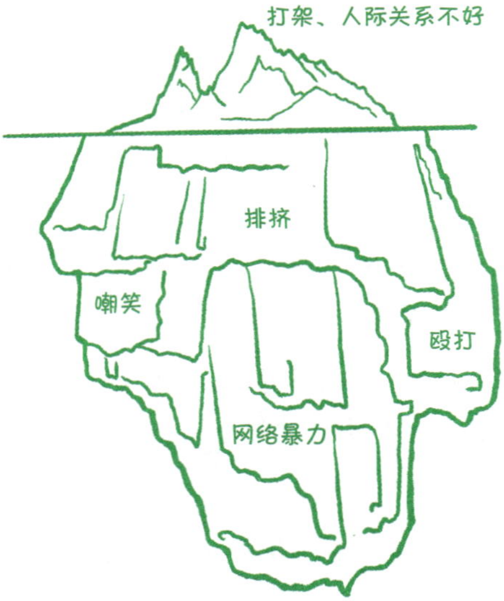

今年全国两会召开，校园霸凌问题成为代表委员关心的热点话题。全国人大代表李亚兰表示：禁止校园霸凌发生，法律不能缺位，为此她今年带来了关于对校园霸凌行为进行单独立法的建议。

李亚兰说：目前校园霸凌法律概念模糊，界定不清晰，无法明确判定具体行为是否构成校园霸凌。同时，很多校园霸凌行为在性质上极为恶劣，但伤害后果并没有达到伤残鉴定标准中轻伤或是重伤“量”的要求，也无法对其追责惩治。“但实际上由于各方在责任与权力上的不明确，造成了大家都在管，却谁都没有管、谁也没有管到位的局面。”今年全国两会召开，校园霸凌问题成为代表委员关心的热点话题。

事实上，校园霸凌事件一直存在，从未消失，也从未被彻底解决，即使发现了，往往也只不过是冰山一角。《少年的你》既显现出社会对校园霸凌事件无法可依的窘境，对校园霸凌处理的难度，也显示出学校对处理霸凌事件的无力与无奈，甚至无知，导致最后又多出一条人命。《少年的你》之所以如此被热议，是因为这个隐秘的角落很难被发现，一旦爆发出来就演变成社会事件。

我国教育统计中心所公布的数据显示，2016 年，23.1% 的 12 岁至 18 岁中学生，表示自己在过去一年中，在学校或网上遭遇过不同形式的校园霸凌。

从电影《少年的你》看校园霸凌的发生及处理过程

（1）电影从一个叫胡小蝶的女生跳楼开始。从警察找主人公询问看出包括老师在内，很少有人知道她为什么跳楼。

校园霸凌的确如此，由于霸凌通常发生在老师看不见的地方，普通老师能做到及时察觉到霸凌行为的存在就已经不错了。霸凌者在实施大量的行为的时候，一般会选择学校中较为隐蔽的场所，例如走廊、厕所、操场等，因此被发现的难度较大，家长和老师也很难及时干预。

（2）因为陈念被警察叫去问话，她成为以魏莱为首的霸凌团体的下一个被霸凌目标。短短的一天时间她遭遇了不同形式的霸凌：回到座位，看到凳子上一摊红色液体，那曾是胡小蝶的遭遇，发布不利的网络消息、被篮球击中后脑勺、不小心被推下楼梯、被殴打、被群发信息。

是的，并不是受害者做错了什么。当霸凌者想欺负一个人的时候，他总会找到各种强加的理由，这与受害者无关，即使这个受害者不在了，霸凌者也会物色下一个猎物。这也是为什么陈念在另一个学生跳楼后，受霸凌的原因，团体中的另一个成员也被霸凌。校园霸凌行为让被霸凌者在生理上与心理上都受到严重伤害，从而产生自卑心理，甚至难以参加正常的社会活动。

（3）“谁干的？什么时候了还搞这种恶作剧？”当老师看到陈念凳子上的一摊红色液体，并没有意识到这是校园霸凌，“恶作剧、开玩笑”既是霸凌者的借口，也是家长老师的部分看法。这也是校园霸凌最难应对的原因之一。

“我在跟你开玩笑，真小气，开不起玩笑！”“小孩子之间，闹着玩的，反应这么大，至于吗？”“小朋友跟你闹着玩呢，没事啊！”很多第一次遭遇欺凌的小朋友往往听到的是家长、老师这样的回答。校园霸凌呈现的具体方式多种多样：有谩骂，嘲笑，戏弄，起绰号，殴打，名誉诋毁，恐吓破坏物品，被拍照，敲诈勒索和心理伤害，等等。电影演员马思纯曾经提到她所遭遇的校园欺凌：喝的可乐里被同学偷偷放粉笔灰、抹布水、拖把水，然后看着她喝下去。

（4）老师对陈念说：“要和同学搞好关系”，“老师和学校会好好保护你的”，“大家遇到什么事一定要告诉老师，学校加强心理辅导工作”，“他们还年轻，给他们一次机会”。

被霸凌的青少年小时候感到被欺凌，对同龄人强烈不满和不信任时，部分教师和父母则认为孩子应该改变自己而顺从同伴群体。当老师发现校园霸凌时，希望受害者勇敢，做些改变。这只会让被霸凌者下一次受欺凌时不再去找老师寻求帮助。校园霸凌很多时候被认为是学生打架，顶多被学校处分，连开除学籍都不会。

老警察说校园霸凌的案子复杂，没有证据还是交给教育部门。他们太过分，现在这样的事儿多了，活活打死，没有人知道人是可以被打死的，虽然发生在学校，但不是那么简单。找校长、老师、家长，都无能为力。警察失望，却不知道该对谁失望。

（5）霸凌者通常具有较好的社交技能，魏莱面对警察时知道警察对她无能为力，面对妈妈时装乖巧、知道妈妈好面子。“怎么可能，我不记得，所有人都讨厌她，跟我有什么关系”，“跟陈念很好，我们一起开开玩笑”，“他成绩一般，可能学习压力太大吧”，她有能准确地知觉和理解他人的能力。从魏莱得意地看着警察就知道：她能意识到人际交往中的微妙之处，这让她成为霸凌者的头目。

（6）从魏莱的说话方式看，她的这一切来自她的家庭：霸凌者的家长态度：“我们不是这样的家庭，有的人不值得交往”，“她跟别人不一样，对方家长什么身份”，“学校承担什么责任，真要追究起来谁的面子也不好看”。找霸凌者父母谈话，通常收效甚微。霸凌行为一般是长期的持续行为，之所以霸凌者会出现这样的行为，一定是家庭教育出现了问题。父母如果想管，早就管了，孩子也不会出现长期霸凌别人的行为了。事实是，大部分霸凌者的父母意识不到自己和自己孩子身上的错误，很多人根本就不管孩子，甚至会袒护自己的孩子，跟他们说了也是白说。

好教师必备的校园霸凌的常识

校园霸凌事件在过去的几年中，呈逐渐严重的趋势，形式也越来越多样化和复杂化。由于中国对校园霸凌没有立法，但校园霸凌对青少年的身心健康影响巨大，后果严重。因此，好老师可以参考国内外一些校园霸凌的研究成果：

（1）第一次出现跳楼事件后，预防比制止更有效。但是在没有法律规定的前提下，老师只能根据自己的经验做出一些不能被班级接受的行为规定。一位体育老师根据自己的经验做出规定：班级内禁止动手打人，不管是隐性的嘲笑攀比、还是搞小团体孤立、传流言蜚语都是霸凌，都是班级不能接受的行为。同时强调：校园霸凌从来都不是个人行为，而是集体作恶。每一个跟着起哄或者袖手旁观的人都是“帮凶”。

（2）校园霸凌无一例外是一种故意的行为，不存在偶发性的欺凌。

（3）校园霸凌是一段时期内反复发生的行为。

（4）多人参与其中，卷入度较高且成员角色固定。

（5）校园霸凌总是在力量不平衡的情况下发生的，这种力量的差异有可能是身体上的、关系上的、情感上的或者心理上的，这种力量上的不平衡，大多数情况下使得受害者不太可能保护自己。

（6）找霸凌者谈话，希望他改变，只会让霸凌更隐秘。

（7）与受害者交谈时，不要询问围攻行动的细节。因为它们与解决霸凌无关，而这些细节往往让受害者感到尴尬和难以启齿，回忆这些痛苦的细节可能对受害者造成二次伤害。

（8）受害者不需要做什么，如果我们告诉受害者要如何改变自己，似乎就是在告诉受害者，之所以成为受害者都是自己的错，是因为他做得不够好，才会沦为被欺凌对象。这种逻辑是不对的！

（9）近来随着网络的兴起，网络校园霸凌事件报告的频率也逐渐增多。

2019 年 1 月 5 日，三名中国留学生因为校园霸凌分别被判处 6~13 年有期徒刑，希望中国尽快立法。

校园霸凌从来都不是个人行为，而是集体作恶。每一个跟着起哄或者袖手旁观的人都是“帮凶”，因为有了这些吃瓜群众的一次次纵容，霸凌行动才会愈演愈烈。化解霸凌的核心力量是霸凌者身边的小团体成员和群众。解决校园霸凌问题需要聚焦在未来的问题解决上，而不是对已经发生的事情问责。

校园霸凌处理方案

“No Blame Approach”——德国处理校园霸凌的方案

在德国，现今解决校园霸凌所使用的最常用方法被称为“No Blame Approach”，该方法的精髓是不责备任何人。这个方法起源于 20 世纪 90 年代的英国，后来被传到瑞士。由于在瑞士实施的效果甚好，2002 年被教育家引入德国并在全国范围内广泛推进。

第一步：获得受害者的同意，允许老师以建议的方式为他做点什么；询问霸凌者小团体成员名单和喜欢的同学名单，谁是你喜欢的人？你和谁是朋友？谁会给你带来麻烦？

第二步：老师根据第一步中受害者提供的名单，邀请 6 到 8 个学生组成“支持小组”。这其中有一半人是霸凌者小团体成员（积极参与了霸凌行动、帮凶、起哄者），另外一半来自对受害者持积极态度或至少保持中立的人（可能的拔刀相助者、朋友，勇敢、社交能力突出的学生）。

例如，用以下话语："也许你们已经注意到XX学生在学校感觉不舒服了，我想要改变学校里的情况。在我们学校，每个人都应该可以毫无畏惧地上学。我今天邀请你们来，是因为我需要你们的帮助。"在整个对话中，老师要把支持小组成员视为参与消除霸凌的专家，用倾听和信任的态度引导学生自己主动说出解决方案，最后与支持小组约好一到两周后的下一次会议，复盘这段时间的执行情况。

第三步：1~2周后的后续谈话。

1~2周后，老师先找受害者了解情况，事态是否有所好转。然后与支持小组的每个成员进行一对一的单独谈话，从他们口中了解受害者的近况。谈话结束后，老师可以做出判断霸凌是否得到了遏制，3~4周后再次与受害者谈话，持续跟踪了解受害者的感受非常重要，以防留下心理阴影。

在德国，在整个解决霸凌的行动中，德国老师都没有与霸凌者本人或其父母进行谈话，也没有指责霸凌者。85%的校园霸凌事件通过"No Blame Approach"得到了解决，且大部分在一周时间内。如果没有得到解决，老师可以再进行一次与支持小组的谈话，或者更换支持小组的部分成员再试一次。依然无效的话，就只能诉诸其他办法了。

（德国学校处理校园霸凌的经验来自中华家教公众号）

困境五：文化大背景下的性别认同困境

自我同一性形成的过程中，对自己的性别身份、性倾向、性别价值的认同是最重要的一个方面，没有任何一个时代的青少年比现在的青少年面临如此多的选择和可能性。女性主义的崛起，也有人称为女权主义，挑战着传统的性别期待。“耽美”“伪娘文化”“药娘”这些名词，青少年耳熟能详。网络给了他们探索的自由，也容易因为探索的危险而让自己陷入困境。

陷入困境的标志：不认同自己的性别，认为自己生错了身体，对自己的性别极度不适。又极度渴望成为另一种性别，或期望按照另一种性别的方式被对待。

走出困境的标志：对自身性别的正确认识，并安顿好自己的身心。

一、青少年思考未来自己想成为怎样的男性或女性

如果身边有可以认同的性别榜样，他们会模仿、认同，比如：自己的父母、阿姨、老师，甚至同学中的榜样。

如果身边没有，他们会去寻找。但是认同的对象不是自己的身边人，在认同过程中可能会有困难，因为不知道成长的路径。比如：偶像、榜样。曾经有一个老师说：高中时读的林语堂所著《京华烟云》中的姚木兰在自己人

生中的每一个阶段都曾经帮助过自己。当她遇到升学、恋爱、选择、家庭事务处理、爱人出轨等很多女性会遇到的问题时，她都会想象姚木兰是怎样处理的，那是一个智慧的女性，因此，她在成为自己理想样子的同时，成为了一位智慧的老师。这个老师身边的学生能充分感受到老师的智慧和女性力量的支持。

比如：有学生高中时找到了偶像：天海佑希。以后的人生她会全方位发展自己，成就自己的价值。婚恋观也会受到她的影响，但因为学生并不知道天海佑希经历了什么，所以认同过程中，“先成为他人”容易，但“再成为自己”就会遇到困难。

知识点

社会学习论（Social Learning Theory）指出，社会环境对塑造及强化学习者的性别角色有莫大影响，例如学习者会观察、模仿身边的角色模范（models）而形成对性别的理解。阿尔波特·班杜拉（Bandura）更清楚地指出这些影响学习者的角色模范包括在家庭、学校、朋辈、书本及传媒中的角色模范。老师也是他们模仿学习的对象。

案例　郎财女貌——嫁个有钱人

行为秀场

有一个女生，小学、初中、高中，写“我的理想”时，从来都是：嫁个有钱人，做全职太太，养三个孩子，一条狗。从没有改变过原来的计划。同学们都很好奇，问她为什么有这样的想法？

她的父母都是浙江人，父亲在外经商，母亲家庭主妇。在父亲看来，女孩子学习差不多就行，将来嫁个好男人就行。经常灌输给她：女孩子干得好不如嫁得好，还经常用他们公司的女孩子做例子：你看那些研究生毕业的女孩子又如何，还不是每天辛辛苦苦上班，挣那么一点点钱。母亲就像父亲要求的那样，每天打扮得漂漂亮亮，简单做点家务，看起来也很幸福，偶尔说起遗憾，也是未多生几个孩子。所以，在她看来，父母现在的样子就是她对未来生活的期待，潜意识想要满足母亲多生几个孩子的愿望。对母亲作为一个女性状态的认同让她坚定地走在“嫁个有钱人”的路上。

学校多次要求不准化妆，她依然偷偷地戴个美瞳，但她的学习从不落下，因为，在她看来，有钱的男人在好的大学里，自己的努力要配得上那份财富。直到有一天，父亲曾经出轨的事情被她发现，更让她气愤的是母亲似乎知道。为什么？她质问妈妈：他这样对你，你为什么不跟他离婚？当她听到母亲说：离婚了，谁来养你？养我？这么多年我做全职太太，照顾你们父女，外面的世界一点都不懂……她不再跟爸爸说话，每天把自己关在房间里，学习、化妆都放在一边。

从她母亲半隐半露的讲述中，智慧的班主任似乎听出些什么。

好教师懂学生

老师：最近怎么了？原来那么爱美、爱漂亮的小姑娘怎么不打扮了？我虽然批评你化妆，但真的很喜欢你干干净净、朝气蓬勃的女孩子的模样哦。前两天看到你妈妈了，你妈妈好有气质，一看就很有品位的感觉。

唉！几次叹气之后，她还是把心事说了出来。同时也说出了自己的疑惑：我的信念感觉彻底崩塌了，不知道自己将来想要成为什么样的人了。青少年的自我同一性建立过程中遇到了挑战和打击，她需要重新思考那曾经让她确定的人生三问：我是谁？我能去往哪里？我想要成为什么样的人？

在孩子总算说出了自己的内心痛苦后，她感到多了一些支持。因为她曾经认同妈妈作为一个女性的价值，老师建议她重新和妈妈聊一聊。原来妈妈曾经在高中是个学霸，也考了还不错的大学，上大学时还曾经是班长。父亲没上大学，靠自己的商业头脑在母亲上大学期间发展得很好。所以，妈妈一毕业就和爸爸结婚成家，没有工作过一天。曾经很后悔过，大学毕业近20年，从不敢回去参加聚会。只是没有机会跟女儿讲这些过往，现在女儿知道真相，她也把自己作为一个女性对女性的价值理解跟女儿做了分享：自己丈夫虽然出轨过，但他们的过往是快乐的，养育女儿的过程是快乐的。女性是要独立，要人格独立。上次跟女儿说离婚谁来养她们，并不是自己思考过的。父亲出轨是过去在外做生意的事，已经过去很久了。其实，经过那次事件，他们两个现在彼此都有成长。并不是所有的婚姻事件都是只有离婚能够解决的。

听了妈妈如此坦诚的对话，她虽然对父亲还是心有隔阂，但对她来说，已经向前一步。至于理想是什么，她不再说了，那似乎成为一个秘密，陪着她，让她思索。老师远远地看着她，虽然话少了，但似乎成熟了，就再也没过问过她的事。

二、性别刻板印象和文化冲突给学生带来的情绪困扰

青少年有时会因为自己的表现，比如：男性表现出传统意义上的女性特质，如娘娘腔、和女孩子亲近、喜欢打扮、注重外表，这会引发一些困扰，被别人误认为是同性恋，或者自己有时也会怀疑自己是不是同性恋。

有的会在性别认同上产生一些困惑，他们想要了解更多，会花更多的时间用于性别探索。比如：一个喜欢中性打扮的女孩子总是被女孩子表白、被女孩子喜欢。因此在人际交往中，不被人理解，有时自己也会感到奇怪。期待被按照另一种性别方式对待。

有时他们会觉得自己的性感受与大多数人不一样，“我有记忆起，就觉得自己长错了身体”。心中从小藏有一个秘密，进入青春期后这种感觉会更加强烈，会进入更深入的自我探索，这是一个逐渐发现、逐渐确定的过程，需要一些时间和事件去帮助他确定自己，在这个过程中，会出现情绪问题和现实人际交往困难，以及愤怒、孤独等。

有的会体会到自己作为一个永远的少数派，感觉被社会挤压引发的情绪波动。

有的是因为家庭遭遇，痛恨同性（异性），表现出对异性（同性）的亲近，自己对自己有困惑，“爸爸家暴，从不做家务，妈妈很累，所以说想尝试找个女孩过生活”，有的成长在“重男轻女”的家庭中，对男性价值以及

女性价值就会多一些思考：男性如何自处？女性会对自己的性别价值有很多困惑。

有的单亲家庭的孩子如果缺乏另一个性别的对照，会对自己的性别感受不能确定。

性别认同是自我同一性建立的重要部分。在每个人的成长过程中，受家庭、社会、文化的影响，每个人对性别角色的期待不同，向往不同，问题不同。但是，这却对一个人的未来有很重要的影响，比如：一个过度认同男性价值的女生，可能在学校表现是一个追求学业成绩成就的学生，被称为好学生，但是对自己的人际关系、情感过于屏蔽，导致未来亲密关系中出现问题。一个过度认同女性生育、养育价值的男生，未来就会忽略女性的个人价值、事业追求，生活中也会出现问题。

案例　我有一个秘密（和性倾向有关）

敏感、看起来有点冷漠，内心却很柔软，处处为他人着想，她总是得到女孩子的青睐，她们有时候还会为她“争风吃醋”，她不想伤害她们，努力和每一个人成为好朋友。

直到有一天有一个女孩子想要跟她谈恋爱，她有点惊慌失措，但似乎又有些喜欢。有一个声音说：这样是不对的。她的感觉和内在的声音一直在争吵，学业退步了，家长很着急，但她不想想这些，最让她放松的是走在公园里，看着周围的绿色，学校似乎变成一个监狱，期待长大和希望慢一点长大在身体里持续撕扯。

她觉得自己与这个世界亲近又疏离。感觉和这个世界为敌。那段时间，“我像一个刺猬一样，既想有人了解我，靠近我，又很怕露出什么马脚”。直到有一天，一个老师说：你最近变化很大，好像心里有个秘密一样。“看着她温暖的目光，我知道她是一个可以信任的人。”压抑很久的感受如溪流般涌出，她说：“保有这个秘密，让时间告诉你答案，努力学习吧，外面的世界很大，你可以创造属于你自己的空间。”“她并没有为我贴上什么标签，感觉像被棉花包住一样。”

她不确定成年之后的自己到底会变成什么样子，但是，她知道在这个校园有一个老师，和她一起保有这个秘密，她并不孤单。三年过去了，她心里清晰了很多，因为这个秘密，她更想要独立，也更愿意为自己的独立付出努力。现在，她走在理想的大学校园里，那个“长者”已经变成她自己内在的一部分，陪着她一直走下去。

并不是所有的老师能有这个机会陪伴这样的同学，这是一个很深的秘密。有的老师很好奇，为什么会发生这种情况，其实，大多数专家也没有定论，性取向是基于基因、生理和环境因素的复杂交互作用而形成的。在跨性别者没有准备把他们的故事讲出来时，任何人都没有资格把它讲出来。

班级讨论

换一种性别，人生会有什么不同?

大多数男生不愿意换，只有个别男生愿意换一下试试，但如果彻底换，还是不愿意。男生认为：当男生好，更自由。虽然需要承担养家的责任，但相比较自由而言更愿意承担责任。可见：男生对自己性别角色认同的多，和社会的期待一致。

个别愿意彻底换成女性的男生认为：现代社会对女性有更多的宽容，女性承担的责任更少，男生比女生更累。

多数女生不愿意换，觉得做女生很好，有人说可以打扮得漂漂亮亮，一想到男生要养家糊口，就觉得累。

一些女生认为：希望自己是个男生，有更多的自由，可以说脏话，可以撩女生还不被责怪。最讨厌月经来。每次月经来，提醒自己是个女生，这种不能摆脱的生理现象，让自己有一种失控的被束缚的感觉，认为是一种限制。还要生孩子，养孩子，很难为自己活。相对于愿意换成女生的男生，愿意换成男生的女生更多。

事实上，当女生说：我要去变成一个男人，她也没有变成男人，她只不过是去除了她的女性特质。真正失去的其实是内在的女性化的感觉；当男生说，我要去变成一个女人的状态，他不是在变成，他只是去除掉了他的男性特质而已。失去的是内在男性化的感觉。

彼此走到了当中，变成了中性化。

有一次上课，同学们分享彼此对一些热点事件的看法。一名女生突然站起来说：我是绝对不会生孩子的。女生很多加入讨论，男生彼此对看无语。课后老师问男生为什么不说话，他们说：这是我们男人之间才有的默契，绝不会娶这样的女生，但不能说，否则会被骂。

相比较男性，女性对自己的性别思考得更多，有时也会陷入困境：女性受教育程度越来越高，希望实现自己的社会价值，但做母亲的时间、生理限制，又让她们不得不对自己的婚恋思考更多。

不断的讨论能让青少年感受到自己的性别价值，同时在不同性别的人眼里，帮助看到那些过度认同男性社会价值的男生，容易忽视女性的社会价值的男生，那些内在缺乏女性价值，过度认同男性社会价值或者过度认同女性传统角色，忽视女性的社会价值的女生。看到自己，看到彼此。

让女生既能接受自己的女性身份，又能安顿好自己对事业的期待。男性愿意分担养育孩子以及家庭劳动。尽量减少性别对彼此的限制，形成合作的动机。

在以上五种帮助青少年走出困境的过程中，好老师们要做到的是：

（1）通过倾听、澄清，帮助青少年首先看到自己的困境以及困境的具体呈现方式。

（2）通过和青少年建立生命连接，等待、给时间和空间、守护，给予青少年恰当的反应，陪伴他们，而不是急于帮助他们摆脱困境。

（3）通过问好问题、示范、支持、引领，促进他们理解自己，而非阻碍他们。让他们自己学会如何应对困境，如何改正所犯的错误，为将来做好准备。

（4）当青少年困境得不到解决时，不知道怎样找到成年人的帮助时，不要被他们“不需要帮助”的言辞所蒙蔽，以为他们可以，而是应当主动靠近。

走出困境的孩子会更积极地面对人生，勇于自我探索，有时表现的像是一夜之间长大。

青少年与困境斗争的几种结局

一、一夜之间长大

青少年走出困境不容易，需要时间，如果足够幸运，身边有人陪伴、协助，就会像下面的这位嘻哈男孩遇到那位老师一样，他在自己的成长道路上获得一种感觉，这种感觉让他再次遇到人生相似困境时，知道如何走出困境，走向成长。如果不够幸运，就会陷入抑郁，甚至走向死亡。在这条道路上，老师最有可能看到。实际上，好老师已经看到，近几年因为抑郁休学的学生越来越多，好老师也在思考，面对这些可以做些什么？

案例　嘻哈男孩的黑暗与光明

在一个普通高中，老师问：小时候被家长认为聪明但不用功的孩子举手。50% 的孩子举手。这是一群被“聪明”耽误的孩子，“聪明反被聪明误”。反应快，简单的学习模仿就行，那是一种模仿能力，并不是真的智商高。当被贴上“聪明”的标签，自己都不愿意拿下来，宁可用“懒、不用功”作为托词，这是两种不同的感受。或者曾经在某个时刻想用功一下，但是发现自己没那么聪明。彻底否定自己“聪明”这个事实，不忍打破家长的幻想——不打破，那个幻想一直都在。不忍家长对自己失望。用一种行为掩盖另一种行为，用一种更容易表达、消化的情绪尝试替代另一种更加深层、刺痛的情绪。晓松就是这样的男孩。

好教师懂学生

老师看着拿着 60 分考卷，却很开心的晓松。想起前段时间家长的感叹：从小很聪明但不用功、贪玩、懒，再花多点时间，成绩还

能再好些。

学生：我这次没好好复习，每次别人都花一周一个月去复习考试，但是我只花一个晚上，所以我能考及格就不错了。

老师：嗯，你的确很聪明，花这么少的时间取得这样的成绩。

过了几天，老师再次找到晓松说：我觉得你没有说实话，我觉得我被你骗了，因为我觉得你好像是在回避、在害怕失败这件事，所以你每次都给自己找这么一个借口，说我没有准备好啊，这个考试不重要啊，或者没有足够多的时间来准备。是吗？

学生：用手指心脏，像是被戳中的感觉。

老师：晓松，你知道我为什么这么说吗？那天看着你表面得意的样子，我想起了曾经的自己。总是表面上看起来很不在乎，但内心总有一种凄凉。后来有了美图秀秀，我才发现，那是一种美图秀秀的感觉，不是真实的，是靠修图美化的，虽然别人不知道，但自己很清楚。

学生不说话，陷入沉思。仿佛知道那个感受，但是他说不出这个感受。也从没有人感受过他的感受，他似乎等待这个解释很久了。

老师：我想象你是不是经常想，这次我要真的努力了。但在真的努力开始学习之前，会陷入了一段漫长的不高兴时间，这段时间很难熬，很想逃走。我也曾经这样。但是有一天，我不打算逃了。

我让自己待在这个不高兴里，我不再借着去看小说逃走，那时候我们没有视频、抖音、吃播。当我待在这个不高兴里面一段时间后，我开始去思考我是不是真的像他们所说，自己是一个聪明的人，还是是一个害怕失败的人。失败到底对于我意味着什么？我甚至开始去想到我生命的意义是什么？我要成为一个什么样的人？竞争对于我的意义是什么？你猜发生了什么？

学生：我知道那个感觉，我也曾经有过这样的思考：我是不是没那么聪明？是家长老师看错了，我其实很笨。一想到这些我又逃了，还是不要想了，太痛苦了。然后就去网上冲浪了。就像老师说的，我还是继续待在美图秀秀里了，是吗？

老师：是的，我逃走过很多次，这次也许是在那一段不高兴的时间里面待的久了，我决定离开美图秀秀。有一段时间，我真的开始努力了。我承认自己可能没那么聪明，我发现自己也需要花很长时间才能记住单词，而且不断忘记。作文也不再随便写写，我会花很多时间查资料，有时为个500字的小文章，我也会反复修改。难题真的很难，我去找同学、找老师问，当他们发现我没那么聪明时，你猜会怎样？

学生：我知道，我知道，他们肯定笑话你以前吹的大话。因为，我想象过那个场景。

老师：是的。离开美图秀秀，我不知道的是进入到了一个黑暗的地方，别人的嘲笑，你知道我原来最爱炫耀的就是——不学习还能考及格。那个黑暗的地方让人悲伤、恐惧，而且时常感到自己的懦弱。所幸我遇到了一个好老师，他从不多说什么，只是不断地给我布置练习，在一次次练习中，我慢慢感受到自己似乎没想象的那么好，但也没那么差，力量似乎一点点多起来。这一点点力量让我有了坐回书桌的勇气，就这样，我熬过来了。

学生低着头，思考。老师不说话，陪在他身边。

学生：我也想有这样的老师。

老师：你愿意走进黑暗吗？

一个学期过去。晓松的笑容没那么多了，脸上似乎多了深沉，显得更加稳重了，成绩不用说，当然提高了很多。

心理学上有一个说法：人的成长开始总是先在某一个心理位置，这个位置可以理解为是一个类似于美图秀秀这样的软件。就是当人们很恐惧面对一个事情的真相，或面对自己内心的痛苦的时候，往往就会把事情美化成一个我们可以接受的样子。比如：我是因为没有好好复习，这个考试并不重要，所以我才没有考好。这个位置有它自己的意义，它能够保护你在没有准备好的时候，免受真相的伤害。每一个青少年都曾经这样保护过自己，而没有长大的成人永远留在了这个位置：始终在幻想中实现着自己的梦想。

老师就是在看到一些青少年准备好的时候，陪伴他们从那个美图秀秀的位置上起身走到黑暗的位置上。并且表达出愿意和他们待在那个黑暗的位置，用成年人的力量和他一起去处理他的情绪，面对他所有的恐惧、悲伤、懦弱。之后你能看到学生惊人的转变，那个转变会变成惊人的力量、勇气和创造力。

从幻想破灭走向抑郁，是第一步；从抑郁的状态走出来，是第二步。幻想是对外界的恐惧，通过想象（我不用功而已，我若全心投入，肯定能考上好学校，但他就是不能好好学习，不能投入）抵抗恐惧的方式，是沉浸在自己的想象中。抑郁意味着想象的破灭，愿意为自己负责，而不是退向外部，而是真正面对自己。抑郁越深，意味着为自己承担得越少。如果他没有自我承担的意识，改变很难。一个患有抑郁症的人，如果真的发自内心愿意为自己负责，寻找自己生命的意义，抑郁会慢慢消失。

老师在这个过程中像镜子一样，照出学生的感受，分享给学生。看到他的困境，像磐石一样给他勇气，等待他，陪伴他，像指明灯一样，照亮前面的方向。

二、陷入困境中的一种呈现：青少年抑郁

1. 面对越来越多的抑郁，好老师的困惑有哪些？

老师困惑1：为什么现在抑郁的学生这么多？感觉有点害怕，要严加防范，否则后果严重。但同时又心存疑惑，他们是真的抑郁吗？

是的，抑郁的数字的确在上升。

世界卫生组织（WHO）大数据调查结果显示，全球目前有3.5亿抑郁症患者，全球抑郁症发病率约为11%，抑郁自杀的人数高达100万，儿童青少年抑郁症的患病风险高达23.9%，换言之，每100个儿童和青少年中就可能有23.9个存在患上抑郁症的风险。

至于为什么现在抑郁的学

生这么多，一方面和社会对抑郁症的宣传，使得以前也许是隐藏的抑郁症得以得到救治有关；另一方面，青少年抑郁几乎是一个人成长的必经阶段，但抑郁情绪并不等于抑郁症，有时人们会把这两个名词混同。这也是老师根据自己的经验判断和实际听到的数字感到困惑的原因。

老师听到抑郁症感到害怕怎么办？

当“抑郁=自杀”时，是会让人害怕的。但是在抑郁症的诊断标准中，“自杀倾向”只是症状之一，不意味着被诊断的人一定会有自杀倾向，更不意味着他们一定会自杀。无知是恐惧的源头，好老师可以通过学习了解抑郁症常识，减少对抑郁症和其他青少年心理疾病的恐惧。

世界卫生组织曾经做过一个宣称片《我有一只名叫“抑郁症”的小黑狗》，描述了“小黑狗”给一个人生活带来的痛苦，但寻找专业人士帮助后逐渐接纳和拥抱“小黑狗”，开始美好新生活，并呼吁大家在困难的时候要及时寻求帮助。情绪低落，兴趣减低，悲观，思维迟缓，缺乏主动性，自责自罪，担心自己患有各种疾病，感到全身多处不适，严重者可出现自杀念头和行为。

老师困惑2：平时看着乐观开朗，爱笑阳光的学生。怎么会抑郁？

有一种抑郁症被称为“微笑抑郁症”，这类病人常常为了维护自己在别人心目中的美好形象，刻意掩饰自己的情绪，强颜欢笑，表面看起来都蛮好，但内心非常痛苦。内心感受是抑郁症的感受。

老师困惑3：某某是不是装的？最近和家长因为高考学科加科发生争执。家长强势，认为自己都对，很难听进孩子的意见。平时家庭冲突就比较多，这次加科决定孩子的未来，学生很想要自己做主，曾经为了实现自己的愿望离家出走，现在说自己得了

抑郁症。

面对强势的家长，学生感受到无力感和无价值感，是会引发学生的抑郁情绪的；但是从这个孩子的应对看，她是很有力量的，需要的是成年人的支持。抑郁可能是对抗家长的手段。

老师困惑4：感觉有的确诊抑郁症的学生平时就懒，是意志不够坚定的表现还是真的抑郁症？

对青少年有非常细致研究的美国发展心理学家劳伦斯·斯坦伯格认为：如果在连续两周的时间里出现以下5种或以上的症状，而且至少有一种症状是抑郁情绪，或者对任何事都失去了兴趣或快感，青少年就会被诊断为患上了抑郁症。

（1）几乎每天都有抑郁情绪，如悲伤、空虚、想哭或生闷气。

（2）对大多数活动的兴趣或乐趣明显减少。

（3）体重在没有刻意减肥的情况下显著减少或增加。

（4）失眠或嗜睡，睡眠时间多于正常值。

（5）极度坐立不安或动作迟缓。

（6）没有活力，慢性疲劳。

（7）无价值感或过度不恰当的罪恶感。

（8）很难集中注意力或做决定。

（9）反复思考死亡或自杀。

老师困惑5：作为任课老师，我怎么对待他们？我能做什么？管还是不管？作业追还是不追？

在老师和学生的关系里，有没有抑郁症没那么重要。老师怎样对待身体生病的学生就怎样对待心理有病的学生：只要他力所能及，就给予肯定。很

多人误以为心理疾病“治好就没事了”，但现在倡导的是“带病生存”。

2. 学校常见的抑郁症案例

案例　医院确诊的抑郁症

高一男生，最近经常迟到，老师问下来说：起不来床、睡眠差，早晨醒得早。并反复表示：我真的很没用。学校组织的班级大合唱，曾经当过指挥的他被同学推举继续指挥，他也表示没兴趣。学习成绩明显退步，思维能力、注意力和精力都大不如前，同时又深深地自责，认为自己目前的状态不但不能学习，而且连累了父母和家人，难以应付考试和各学科功课。感觉没有了体会快乐的能力。

当老师表示对他的状态很着急时，他会说：与其如此痛苦地活着，结束自己的生命才是最好的解脱。感觉自己像个废物，脑子里不断闪现：你很笨！老师很难理解这种绝望感，的确，没有经历过此种病痛的人是极难理解的。以前只有刷抖音，才有片刻安慰。最近，抖音都懒得刷，就想睡觉。

经过了解，妈妈在他小时候得过抑郁症，一直使用药物治疗。抑郁症是一个有生理基础的病，每个人易感程度不同，在抑郁症里面有一个生物学遗传因素的贡献，比如脑内神经递质5-羟色胺的减少或者家庭中曾有人患精神障碍。就医、吃药，与其副作用相比，对人的帮助更大。老师给家长介绍了孩子在学校的表现，和心理老师交流意见后，建议家长带孩子去医院尽快诊断治疗。

案例 微笑型抑郁

一个很爱笑的姑娘，最近突然不来上学了。起初，家长说，亲人去世，孩子回老家奔丧。但半个月过后，依然没回来。老师提出家访，家长才不得不说，孩子在治疗抑郁症。并拿出学生写的日子给老师看：

我太累了，对不起父母，羞愧和耻辱，想藏起来。但现在自己又无能为力，不是不想再装得快乐，实在是因为没有力气再装了，装不下去了。感觉充满了负能量。妈妈说不能把负能量传给别人，不喜欢我说负能量的话。很长时间了，觉得自己跟别人不一样，不想起床，精力不够，家人说我懒。感觉学习没有意义，觉得自己的学习生活都没有意义，感觉时间很虚幻不真实，什么也不愿意做。对未来悲观绝望，感到未来就是一片虚幻，毫无希望。曾经想过努力挣脱目前的困境，又感到不管做什么都是没用的。

有一类家长有严重的病耻感，在他们眼里，家庭的面子很重要，导致孩子长久地压抑负面情绪，形成一个表面乐观开朗，内在没有支持、空虚的自我，导致一点点挫折就很容易把他们击倒。即使孩子发出一些信号，家长也很难接收到，病情会拖到比较严重的程度，因此，会让老师感觉很突然。

案例 妈妈，我得了抑郁症

晓清最近和家长因为高考学科加科发生争执。家长事业成功，有自己的生物制药公司，坚持让孩子加物理和生物，认为自己的决定都是为孩子好，孩子小什么都不懂，以后孩子一定会感激自己为他做的选择。孩子强烈表示自己不是学理科的料，但家长很难听进孩子的意见。平时家庭冲突就比较多，曾经为了实现自己的愿望离家出走，也没能实现。孩子迫于压力，顺从了家长。这次加科决定孩子的未来，学生坚持要自己做主，争执很久也没有定论，期末考试前说自己得了抑郁症。

老师：听妈妈说，你自己去的医院？

学生：是的，我自己觉得每天情绪很低落，让妈妈对照网上抑郁症标准看，妈妈说我是装的。让她陪我去医院，她又不肯去。我就自己去医院了。然后医生说我有抑郁倾向。

老师：当医生说你有可能是抑郁症时，你什么感觉？

学生：我很开心，我从未如此渴望被诊断为抑郁症。如果，我都得了抑郁症，妈妈还不答应我，必要时我会以命相逼。

她所呈现的力量感明显不是抑郁症的表现。当她感觉到自己的无力、学校的无奈时，她希望借助医生这个更大的力量来支撑自己。和心理老师沟通后，老师、孩子、家长一起就选课做了详细的讨论，妈妈看到她坚决的态度，最后也同意了她的想法。

案例　我怀疑自己得了抑郁症

学生：老师，我是今年高一的新学生。双向情感障碍是什么？我在某某公众号上做了测试，结果是双向情感障碍，怎么办？我要不要去医院看看啊？

老师：为什么做这个测试？测试里面有没有提到什么年龄可以做测试？结果是怎样描述的？

学生：我就是最近觉得情绪特别差，有时候无缘无故地想哭。曾经关注了一个公众号，就花十元钱，做一些题目，好像没有提到年龄。然后就出个结果。

老师：关注自己的心理健康是好事。只是不确定在网上做的测试是不是靠谱，还有就是，一些网站的测试可能是针对成年人的，不一定适合你这个年龄。你需要的话可以找学校的心理老师聊一聊。不过，你愿意先跟我说一下最近什么原因导致情绪低落吗？

学生：上初中时，有一些好朋友……

从他的讲述中老师知道他进入高中后面临很多压力。老师和他一起梳理压力来源，以及过去处理压力的办法。

第一，来源于进入高中后的不适应，现在没有找到有共同话题的朋友。而聊天是他过去处理压力的主要方式，目前因为没有朋友，压力难以得到缓解。第二，来源于对自己未来的恐惧。学生从不同渠道了解到学校的升学情况，认为和自己的主观意愿相距很远，自己必须保持在年级前多少名才有可能升入理想的院校，无形中又给自己增加了压力。第三，来源于陌生的感觉。上初中时自己属于差生，周边都是比自己学习好的，有什么问题问身边同学都能得到解答，进入高中后，遇到问题，问身边同学没人能够回答，这是一种陌生的感觉，这种感觉让自己很恐慌，但随后发展出有问题问老师的习惯，这点很开心。第四，来源于时间管理，计划的很好，周末下午做课外作业，但午觉睡了三个小时，把原计划打乱。

老师：嗯，刚进入高中每个人多多少少都会有一些不适应。下次班会课我们上“如何找到好朋友”，会让大家做一个 6×6 的表格，把自己想要找的朋友特质放进去，班级同学一起打钩。也许通过这个活动你能找到好朋友。

帮助他一起发展新的减压方式。随着高中生活逐渐紧张，他原来的减压方式，聊天、去公园接触大自然、听音乐仍然可用，但可以尝试发展新的减压方式，比如深呼吸。同时提醒他进入高中后，他还有几个需要适应的点：第一，距离，以前初中学校一般都离家比较近，进入高中后距离远的比较多，平均 45 分钟，最远的要一个多小时，上课时间又比较早，所以从作息调整到早饭的解决都需要适应。第二，初中到高中的台阶需要迈一大步，几乎年年在高考，初中是初三时才紧张，和很多学生的心理预期不同，一些学生没有做好准备。第三，人际关系，从七年级到九年级 3 年的时间，几乎都在一个班级。小的时候交的朋友，都比较单纯。而且初中交友也很简单，进入高中后，每个人的兴趣、爱好、价值观相对稳定，对朋友的需求更多地侧重于精神交流，交友难度系数增加。因此在高中交友要保持开放的心态，愿意打开自己，才能吸引别人靠近，高中有丰富多彩的校内外活动，有很多交流的机会，在活动中呈现自己，朋友自然接踵而来。第四，学校管理方式，每一个学校有每一个学校的文化，进入新的学校就意味着进入新的文化，所以对于高中生来说，要主动识别初高中的差异，并接受差异，当出现不适时，不被不适的情绪所牵引或淹没，主动寻求问题解决办法，一定要尽快适应高中生活，快速投入。随着对学习生活的投入，他交了几个新朋友。这件事就过去了，直到高三顺利毕业。

抑郁情绪和抑郁症不同。由于青少年的心理特点中的“失望、失去、失落”，每个人都会产生抑郁情绪。抑郁作为一种情绪是很正常的，在每个人成长的过程中是一定会经历的。

3. 如何说服青少年和家长获取心理老师、医生的专业帮助？

青少年的心理问题很复杂，不同的情况需要不同对待。

华东师范大学青少年研培中心调查研究显示，影响上海青少年心理健康的10项高危因素分别是：性别；消极的家庭感受；同伴取笑；同伴忽视；课业时间过长；数学困难；饮食问题；睡眠问题；同性同伴少；居住环境差。另外，值得注意的是，在这10项高危因素中，有4项是涉及关系的，诸如消极的家庭感受、同伴取笑、同伴忽视和同性同伴少。一个学生在这4项上分数都较高，那么总分将很可能超过临界值，具有比较高的心理风险。也就是说，如果一个学生既没有满意的家庭关系，也没有支持性的同伴关系，那么其心理健康程度就相对较低；一旦遇到挫折或者较大压力，出现心理行为问题的可能性就大。

（1）当老师意识到学生有心理问题时，先把自己的观察告诉家长，同时了解孩子在家中的表现。结合双方信息，根据老师经验做出基本判断，就学生心理问题和学生及家长开诚布公地谈话。

（2）老师可以这样说：根据我这段时间的观察，我觉得你有必要见一下学校的心理咨询师，你可以自己约学校的心理老师，我也可以帮你约。学校的心理老师很有经验，他会给你提供专业的帮助，而且还会替你保密。你谈论的所有话题，他不会跟任何人讲，包括我们做老师和班主任的。我有时也会因为一些心理问题找心理老师的帮助呢。

（3）老师在和学生、家长交流之前尽量事先和学校心理教师沟通学生情况，帮助判断。

（4）随着心理健康的宣传越来越多，人们对心理疾病的接受度也越来越高，大多数学生会主动寻求心理老师帮助。但也有部分家长和孩子担心别人知道后异样的眼光，内在的病耻感阻碍他们寻求专业帮助。

（5）告诉家长：咨询师会帮助青少年把不愿意给家长说的心里话说出来。青少年处在巨大变化之中，有时他们自己都说不清楚自己。至少要去试一试。

（6）告诉青少年：想得多，可以享受思考的乐趣，咨询是为勇敢诚实有勇气的人准备的。真正有病需要医生的时候，可以在咨询师的指导下继续寻找医生。

提醒家长和孩子见咨询师的最佳时机是在问题出现之前。

（7）找学校咨询师，还是去综合性心理科，一定强调选择权和决定权在青少年手里。这是他们最为重视的权利，也是心理咨询的前提条件：非自愿不帮助。

（8）每个人的需要不同，有人需要镜映，有人需要专业的倾听，有的需要推他一步的咨询师，有的需要行为治疗。根据自己的需要选择适合的咨询师。老师可以收集一些过去学生传递下来口碑好、适合青少年的咨询师推荐给学生。

（9）提醒他们心理疾病并不是一下子就能好的，刚开始可能会感觉更糟糕，咨询需要一个过程，这样当他们咨询结束时不会因为感受糟糕而拒绝继续，先去三次，如果感觉没有任何价值，自己决定是否退出。

（10）一旦医院有了诊断，涉及药物问题，有一些学生和家长担心药物的副作用，难以配合医院时，可以告诉青少年和家长：相对于药物的副作用，治病更重要。

三、困境中的绝境：自杀

当处于困境中的青少年，无力走出困境，又看不到走出来的希望时，就会变得没有生命力和活力，生命可能延长，但有的可能变得更像行尸走肉。中国这个词很形象地表达了对死亡的态度，活着犹如死去。还有一种就是青少年会考虑结束困境中的痛苦——“死亡”。因此青少年寻求的是结束严重的痛苦，而不是真的想结束生命。只是，他们不知道生命失去不能重来。

1. 青少年自杀的比率比想象中高

也许是受传统观念“未知生，焉知死”的影响，中国人比较忌讳谈论死亡。但一个个鲜活生命以自杀的方式离开，提醒着作为老师的我们要面对现实，主动学习与自杀有关的知识，结合自己的工作实践，思考他们在那个时刻想什么，才知道我们能做些什么。

自杀是指有自我意识，自行采取的导致自己死亡的行为。有自杀的想法、念头即为自杀意念。目前，自杀是15 ~ 34岁人群的首位死因。日本学者长冈利贞指出，自杀过程一般经历为：产生自杀意念—下决心自杀—行为出现变化+思考自杀的方式—选择自杀的地点与时间—采取自杀行为。因此：有自杀意念便具有自杀倾向。

据北京师范大学发展心理研究所婚姻家庭研究与咨询中心研究，中学生每5个人中就有 1人曾经考虑过自杀。男、女生自杀意念报告率为16.7%和24.3%，女生比男生的数字略高。自杀计划报告率为5.6%和7.7%，自杀行动报告率为 2 .9% 和 3.0%。通过对考虑过自杀而没有实施自杀的同学的了解，家人、朋友、兴趣起了很大的作用。

2012年，杭州调查了7 335个初中生，其中14.3%的人认真考虑过自杀。通过对考虑过自杀而没有实施自杀的同学的了解，2.1%的人有过自杀行为，1%的人反复尝试过自杀。在自杀未遂的青少年中，85%没告诉任何人自己有自杀念头，90%的自杀尝试父母并不知晓。超过50%的青少年自杀，考虑时间不超过10分钟；超过70%的青少年自杀，考虑时间不超过2小时。

2. 根据研究资料，学习识别自杀信号

从产生自杀意念到采取自杀行为，要经历下决心自杀—行为出现变化+思考自杀的方式—选择自杀的地点与时间。任何一个阶段都会有一些信号。而且据研究，自杀者在自杀之前都会经历矛盾和痛苦的心理，他们一方面想要结束生命，另一方面想要求助，希望有人能够帮助他们。几乎所有自杀者在自杀之前都会因为矛盾和痛苦向身边的朋友、亲人等发出各种求救信号。他们寻求的是结束严重的痛苦，而不是真的想结束生命。据北京师范大学发展心理研究所婚姻家庭研究与咨询中心研究，识别危险因素和识别危险信号是避免自杀的重要途径：

（1）识别可能导致自杀的危险因素，尽早做一些预防工作，就可以防止把自杀想法付诸自杀行为。

第一，重大生活事件。比如丧亲、家庭功能不佳与变化、人际冲突与孤立等。对于青少年来说，有一种错误的观点，认为自杀或许是一个解决问题、获得解脱、令冤枉委屈自己的人感到自责和后悔的途径。“我要让他们后悔一辈子”，当他们对关系的失去或者对关系可能失去的想象恐惧时可能产生自杀想法，比如：遭到诬陷或被人误解。因此关注他们的社会支持系统，了解他们支持系统的变化有助于早发现、早预防。

在青少年的社会支持系统中，母亲侧重于提供评价支持和情感支持，同伴侧重于工具性支持和陪伴支持，父亲、教师侧重于信息支持。随着网络发展，网友也成为支持系统的一部分。

第二，躯体疾病：严重的躯体疾病如残障、癌症等。对青少年来说，不一定真的是患上了不治之症，有时患了自以为严重的或难以启齿的疾病也会让他们产生自杀想法。

第三，精神疾病：抑郁症、双向情感障碍、精神分裂症、物质滥用成瘾等。

第四，个人或家族自杀史：家族中有自杀史或者有个人曾自杀未遂。

此外，对青少年来说，父母的教育方式和期望水平与青少年自杀行为有一定的相关性。过严的要求或过高的期望都会增加青少年的心理压力，一旦达不到父母的要求和期望，有人就认为自己无用，对不起父母或怕遭父母的责备，

（2）要敏感地抓住自杀者自杀前发出的求救信号，采取适当的行为，也能起到挽救生命的作用。

第一，很多自杀者在自杀前一段时间都存在各种消极的情绪：悲观、抑郁、焦躁不安、无助、无望、无价值感、异常强烈而无法宣泄之愤怒或仇恨等。“我恨这个世界”，“如果有来生”。

第二，实际上，大部分自杀者由于其矛盾和痛苦的心理，在采取自杀行动之前，会与身边的人谈论与死亡相关的事情，比如轻生的念头：“没有我所有人都会更好”，“活着一点意义都没有”，自杀计划，自杀方法等，希望引起注意，得到帮助。如果有人与你谈论自杀相关的事情，请不要掉以轻心，也许他在说救命。

第三，有的自杀者也许没有在言语上直接表达与死亡相关的事情，但是他们可能会做出一些奇怪的行为：立遗嘱、将心爱之物分赠他人、清理自己所有的东西、写告别信、极端和不计后果的冲动行为……这些突如其来的交代后事的行为，也许是他们另外一种求救信号，希望能够得到注意，希望有人能阻止他们。

也许有人会误以为他们在威胁，但是，请记住，即使是威胁，也可能成真。

不要批评、指责或者拒绝他们。

不要表现出惊慌失措。

不要做出无法保证的承诺。

不要否认或者忽视他们的感受。

不要阻止他们用哭泣等方式宣泄情绪。

不要忽视或轻视他们的自杀想法。

不要答应为他们的自杀保密。

如果自杀危险系数很高，不要让其独处，并帮助其去除身边的自杀危险物品。

冷静、耐心地倾听与陪伴。

直接询问其自杀意念。

让他们相信可以得到帮助，并鼓励、帮助他们寻求帮助。

求助专业人员。

第三章

好老师的四大法宝

基于青少年的生理特点、心理特点以及普遍困境，好老师引领学生走出困境有四大法宝：看得见、听得到、接得住、兜得牢。

在一次活动上，老师做了很多的标签。请学生选择自己想要从老师这里得到的：鼓励、包容、鞭策、激励、支持、引领、被看见……其中被看见的标签学生选的最多。他们选择的就是他们想要的，因为其他所有的需要都是在被看见之后才能满足。

为什么选择“被看见”标签的这么多？也许是因为社会发展太快，人们都急于向前走，上级来不及看下级，父母来不及看自己的子女，老师来不及看学生，没被看见过的人太多，那种被忽视的感觉变成了一个空洞，需要被填满吧！

一、看得见

1. 看得见青少年情绪、行为背后的需求

青春早期，作为语言中枢的前额叶还不成熟，因此青少年言语化能力较弱，并不总是能说得出自己的需求，经常通过行为表达自己的情绪和需求。“我也不知道为什么做这些事。”意识不到的需求，潜意识会推动他做些什么，去满足自己的内在说不出的需求。比如：一个女生非常需要他人的陪伴，但她不知道或者说不出自己的需求，就会通过陪朋友上厕所的行为表达她对同伴的需要。再比如：一个男生想要和女生交往，但他羞于或者不知道这是自己的需要，他就会评论或贬低其他男生和女生的交往来表达他的需要。

案例　“课堂小丑”未被看到的需求

行为秀场

一个初二男生，上课时经常和同学说话，接老师话茬，出洋相，引得大家哈哈大笑，不管老师怎样批评都难以阻止他的这种课堂表现。如果仔细观察，几乎每个班级都有这样的学生，国外曾有研究者称之为“课堂小丑”。

老师观察一段这个孩子后发现，他虽然看起来说话很多，其实很自卑，而且有些抑郁、焦虑，也不会正常和同学交往。

原来如此

了解家庭情况后，用孩子的话说："父母没家暴、没离婚、没出轨。我们家好着呢。"老师初听下来感觉很奇怪，原来以为糟糕的家庭环境更容易产生心理问题。为什么这个看似完美的家庭，孩子会出现这个现象？深入了解后，发现他的父母都是事业型，孩子婴幼儿时期他们一心扑在事业上，即使周末有机会带孩子去公园，也是各忙各的工作，心思很少放在孩子身上。在老师的启发下，他的家长回忆孩子的成长过程，提到孩子总是要求爸爸妈妈早点下班，一起吃晚饭，但他们很难做到。孩子进入初二后，买了很多电子游戏装备，说是为了和同学能玩到一起，让同学觉得他的水平很高，吸引同学愿意和他玩。

原来他做那些是为了吸引同学的关注，也是想让更多的同学认可他。在十二三岁这个年纪，有时同伴的认可超过老师和家长的认可，为了得到同伴群体的认可，会做出一些看似不合逻辑、出乎意料的事情。

当孩子说："我们家好着呢。"意味着他意识层面并不知道自己有被父母看见的需要，而他通过行为，表达着潜意识需求：渴望被呵护、被关爱、被重视。进入青春期后，那些在家庭中未被满足的需要、未被看到的个体、未被说出的需求，经常会通过行为表达出来。表达出来的行为有些是建设性的，比如：努力学习，取得好的成绩；积极参加活动，在活动中凸显自己。有些则是破坏性的，比如"课堂小丑"。

当一个人的行为被限制，需求总是得不到满足，就会制造另一个行为，这就是"未被满足的需要会变成问题行为"，只有当"内在的没有被满足的需要"这件事被看见时，问题就不再是问题。用一个心理学名词"潜意识意识化"，被光照到的地方就不再是黑暗的。这就是"被看见"对青少年产生的魔力。

好教师懂学生

老师看到他内在的需求后，不再把目光集中在他的课堂问题行为上，而是根据他的兴趣，组成了以他为核心的兴趣小组，课后让他帮老师拿教具，问问他早饭吃了没有，最近有什么开心的事，这种日常的聊天持续一段时间后，孩子的课堂问题行为消失了。

太多的父母为了给孩子创造丰裕的物质生活，忽视了孩子的情感需求。这些没被满足的情感需要，在学校以不同的问题行为、情绪表达呈现出来。当他感受到“被看见”，学生自己就会发生改变。

案例 搬家的利与弊

心事重重

大家都很熟悉“孟母三迁”的故事。《三字经》里说：“昔孟母，择邻处。”意指孟子的母亲为了使孩子拥有一个好的教育环境，煞费苦心，曾两迁三地，表示人应该要接近好的人、事、物，才能学习到好的习惯！

搬家通常是成年人做出的决定，他们可能会考虑到家庭和青少年长远的利益，比如：大城市的教育资源更好、新换的工作收入更高等。但并不知道搬家对孩子当下会产生什么严重影响。

“爸爸的职位升迁了，我们要搬到省会城市。”

“沿海城市机会多，父母终于买了自己的房，准备今年暑假把你接过来。”

“你原来的学校太差了，连个像样的操场也没有，这里是标准的400米跑道。”

可是孩子想：“那些足球队的老铁们去哪里了？一个也不在线，我有很多话想跟他们说”，“听守门员老铁说，原来的那个家伙代替了我的前锋位置，他踢得太臭了”，“我太牛了！曾经是学校的足球先生”，“这里的操场很高级，体育场馆很多，但是学校的经典比赛项目好像不是足球，我怎么办？”

原来如此

父母决定搬家时，通常没有在意过孩子是否愿意，所以孩子可能会感到自己的意愿被忽略了，自己是被迫离开的，并非自愿，哪怕是搬到更好的地方、更漂亮的房子，但这未必是孩子最向往的。像被移植的花，被迫离开他熟悉的环境，家长不知道稍有不慎花会有枯萎的危险。

弗吉尼亚大学的心理学教授 Shigehiro Oishi 对 7 108 名志愿者进行了长达 10 年的跟踪调查，研究发现：经常搬家会让人们难以维持亲密的朋友关系，“这对性格外向的人而言，可能不是大问题，他们常常会很快交到新朋友。不过对性格内向的人研究，就不同了。”这项研究发表在了《个性与社会心理学杂志》（*Journal of Personality and Social Psychology*，JPSP）上。

搬家不仅意味着与原本的朋友失去联系，还意味着离开了让他们感觉良好的环境，这些良好的自我感觉本来可以成为青春期个人成长的助力，现在失去了这些良好的感觉，而新的来自环境的良好感觉并不是一天可以建立起来的。

失去了最为亲切和熟悉的朋友和环境，失去了自己可以掌控的很多东西，要到一个陌生的充满未知的地方去了。不舍，孤独，郁闷……孩子的感受家长知道吗？教师知道吗？

对未来生活的向往、担心，对过去所有的失去，悲伤、烦躁、生气，对现在环境能否适应的担心、未知的失控，各种情绪混杂在一起，堆积在那里。

在影响青少年心理健康调查中发现，生活事件是其中一项重要的因素。青少年的父母正值中年，事业、家庭变动都很多。而学生遭遇的所有生活事件都不是他可以控制的。比如：搬家，父母离异，家人生病、去世。但是他们不得不承受生活事件带给他们的后果。加上他们自己的学业压力、发育带来的不安和躁动，这些因素都会促使他们产生多种复杂的情绪。

青少年体会到这些复杂的情绪，但是，他们的表达并不容易。如果没有成年人对他们的情绪予以关注，他们的情绪就不会被看到，没有被看到的情绪也会通过问题行为的方式表达出来。

搬家让他们失去了朋友，让他们累积了很多情绪，虽然不知道如何表达，但潜意识希望这些情绪被看到。

多数青少年会把目光转向父母，在这个陌生的地方，家庭是他们唯一安全的可以发泄情绪的场所。他们需要释放自己由于不得不承受生活事件后果而感受到的愤怒。这是一个合理表达攻击的借口。

可是成年人也在适应新生活，他们也许在为搬家的事吵架。也许需要时间调整自己，他们顾不上孩子。“妈妈说：我是他们的开心果”，“爸爸说，男子汉要坚强”。“我不想让他们对我失望。”青春期的孩子看起来有时无理取闹，但是，当他们真的感受到父母的压力时，他们会不由自主地用他们的方式去分担。

“我总要自己长大，我想想怎么办？”青少年努力调整自己，以适应现在的生活。他在新环境里需要朋友，需要重建关系。但是，总会遇到困难。

“真是老土，这么简单的游戏都不会玩。”

“我喜欢手球，不喜欢足球。手球更酷哦。”

新的同学似乎并不容易成为好朋友，感觉很难融入他们。

“睡觉是个不错的办法，可以避免和他们的交谈。”

这个孩子采取了睡觉的行为回避现在的环境，时间久了一定会

出现心理问题。还有孩子会伤心哭泣，甚至做出更过激的举动，而这些过激的行为也可能只是发泄不安和为了让自己被看到。

当他们为满足自己的需要发展做出的积极行为没有得到呼应时，“未被满足的需要，未被看到的情绪”就会变成问题行为。

好教师懂学生

老师：我注意你很久了，是不是刚到这里不适应？我看你下课总是趴在桌子上。是不是这里的同学跟你原来的同学不太一样？你是不是感觉有点孤单？

学生：情绪的累积让我快疯掉了，朋友没有错，爸妈没有错，我也没错。为什么我这么难过？我能向谁去说？我很难受，我不想回家。老师看到了我的悲伤和害怕。在被看到的那一刻，眼泪在心中顿时化作倾盆大雨。原来眼泪可以哀悼我的失去，过去的才能过去，重新开始。

当学生的情绪被看到，被说出来，情绪就有了出口。这个学生虽然一直没说话，但看他的表情老师知道他已经在变化。

老师：我听体育老师说，你很有运动天赋啊，原来还是学校的足球明星呢！咱们这里虽然没有足球队，手球队是我们学校的传统

体育项目，手球队的孩子们也都会欢迎你的。

对孩子的情绪给予足够的关注，联合家长向孩子阐明搬家的理由，帮助孩子熟悉和适应新环境，以及鼓励孩子与新的环境多交流，在这过程中发现他的兴趣点并鼓励他融入新环境，在新的环境中积极自如地生活。

当然，同样的行为背后也可能是学生不同的需求。“一个学生一早就趴桌子上了，可能是有什么烦心事，也可能是晚上在宿舍没有休息好；一个学生双休完不成基本作业，有可能是贪玩，也有可能是家里发生了什么事情。课间上厕所回教室太晚的学生，各有不同，有的是不愿早去，有的是愿意早去厕所开个小型交流会，有的借机逛一圈，玩玩打发时间，有的是陪朋友，促进友谊。”教师懂学生的心理，才能够成为学生的良师益友。

心理老师点评

在这个案例中，我们看到搬家这个最普通的生活变化，激发了青少年很多情绪变化，面对这些情绪变化，他陷入了一种迷茫。

“没有了朋友的我，是谁？”

“父母并不总是那么成熟，可以搞定一切。”

“我如果不被周围人认可，怎么办？”

通过自己的一系列内在对话，他不得不接受变化的现实。在老师的协助下，他重新找到了自己的位置，在父母看不见的地方完成了一次成长。

老师作为青少年接触机会最多的成年人，成为这个长大过程的见证者、辅助者。好老师懂得青少年长大的过程，了解成长过程中可能面临的困境，知道在合适的时间说合适的话，做到位的事，在帮助孩子的同时成就自己。

自体心理学中，“被看见”有一个专有名词：“镜映”，是感觉到自己的主观经验在另一个人那里引起了相应的身心反应。有种被推了一把的感觉。有一种自己的情感体验被温柔地推动着往前走了一小步的感觉，而被推动的这一小步是我可以向前的，绝不是被强加的前进。在一次次的镜映中如果获得了这种好的感觉后，那么我们就不会停留在、卡在这个“需要”（这个“需要”就是强烈被镜映的渴望）这里，我们就会顺利地进入到下一步的心理发展阶段。“镜映”最能提振一个人的基础自信。

被家长情感忽视长大的青少年，他内在的一部分就停留在“被母亲看到的需要没有被满足”的小孩，在这类学生的成长中，他需要一个目光，需要“镜映”，需要被老师看到。当这个需要满足时，他才能继续向前走，才能成长。

2. 看得见学生本来的样子，而不是成人希望他成为的样子

每个学生都有自己先天的特质，心理学家阿瑟·詹森提出：智力至少有 80% 是遗传的结果，是人类得以与其他物种区分的核心特质，与学业成就，以及其他类型的成就息息相关。一些证据证明人类的基本人格特质也具有遗传基础，例如，五大人格中的两个人格维度——

神经质和外向性与遗传因素有关，神经质是个体表现出情绪稳定性的特征，外向性是个体寻求与他人相处、喜欢社交的程度。

也就是说，当孩子出生时，学业能力、性格、情绪的稳定性已经表现出不同。“努力就会有回报”，“外向的孩子总是能获得比内向的孩子更多的机会”，成为许多孩子的噩梦。好老师有时比家长还懂得这些基本差异，通过学校环境看得见孩子本来的样子，接受孩子本来的样子。

案例　长期待在医务室的慢性子

行为秀场

学校医务室是一个有意思的地方，就像“烦恼避难所”，每当课间或体育课的时候，总是有学生在医务室待很久。大多数是因为身体疾病，但时间长了就会发现，总有几个同学，借着谈论身体不舒服，会不由自主地说起自己的家庭、亲子冲突、学业压力、父母期待等。这些孩子既有身体的疲劳，也有心理的疲劳。他们借着身体表达着自己的心理。因为对很多人来说，身体疾病是可以说出来的，而心里不舒服，是难以表达或者羞于表达的。甚至有个别同学已经发展成心理学上的“躯体化障碍”，一种没有器质性病变，医院检查不出任何问题，但总是感觉身体不适的心理问题。

高一男生林林就是这样的孩子，说话总是比别人慢半拍，反应也慢，对同学友好，小学、初中时是老师眼里的好学生。进入高中后，成绩中等，学习感觉吃力，总是熬夜到很晚，高一下学期不停地去医务室，胃痛、感冒，不时出现各种身体疾病。后来发展到每周有一到两天不能上学。他的成绩不断下滑，家长认为：你不够努力。学习好不好不重要，但努力的态度很重要。家长认为孩子是因为上高中后使用手机过多，耽误学习。医务室老师并没有把他所说的话告诉老师，担心孩子反而因为自己说的话被泄露而没有唯一的出口，而是不断劝说他主动找老师，也许老师能帮助他。

好教师懂学生

老师从他频繁跑医务室的情况也感觉到有问题，一次貌似不经意地问他：除了身体不舒服，是不是还有其他的原因，老师愿意帮助你，并提到过去有一个学生有类似的身体困扰，后来发现是压力导致的身体问题。

就这样慢慢地，孩子开始信任老师，老师有机会了解到：同样的知识掌握起来他的确比别人慢，需要花很多时间琢磨，琢磨出自己的方法后他就会得心应手。他自己说：如果给予自己足够的时间，相信他也会取得好的成绩。但高中只有三年，学科又多，他实在跟不上老师的节奏，家长又总是强调学习态度，当他在思考的时候，家长说他在磨洋工，他只有通过熬夜来慢慢琢磨。时间长了，睡眠的确出了问题，现在他感觉身体总是不舒服，去医院也检查不出结果。

多年来，他“慢”的特质掩盖了那份默默的努力。自体心理学认为，无回应之地便是心灵的绝境，不被镜映和肯定，对于很多人来说，会引发强烈的羞耻感和破碎感。他的身体疾病就是长期不被看见的心理感受在躯体上的反应。

老师了解到他喜欢园艺，喜欢慢慢琢磨的东西。于是说：“我相信给你足够的时间，你一定会有好的成绩”，“你喜欢园艺，现在在学校得不到体现，但未来你一定会是个好工匠，好园丁”。

心理老师点评

加德纳的多元智能理论是给这些孩子最好的解释。对很多学生来说，学校更多考评的是人的“语言和逻辑智能”，成绩也是这些智能的体现。孩子不知道，好老师一定要让学生知道：在学校的考评不成功并不意味着在社会上的不成功，“不是成功的学生”并不意味着不成功的将来，每个人都可以成为“成功的自己”。考试的局限、考试的功利对孩子造成伤害，反而让孩子觉得自己错了。这需要教师引导。很多“在学校不成功的学生”，在社会上做出突出贡献后，都曾经回忆起来老师曾看到过真实的自己的样子，给予自己鼓励、肯定，也有人回忆曾经受到的心理伤害，需要很长的时间才得以修复。

3. 看到他自己都没有看到的潜能，告诉他！

因为学校是学生展示自我的重要场所，而学业是这个场所最能看得见的量化的指标，不仅老师看得见，学生也看得见。所以家长和学生也会用这个指标评价自己。但好老师要善于看到学生和家长都没有看到的潜能，并告诉学生。

案例　刘备需要偃月刀吗？

师生谈心

高一女生，人缘好，有号召力，积极参加学生会活动，家长说耽误学习，班干部没什么用，自己很苦恼。

老师：你看看自己处于什么阶段？一元状态：像一个小婴儿一样，离不开某个人，他代替你思考，替你做决定，你们两个处于共生状态，很融合，就像一个人一样。

一元向二元过渡状态：意识到你们是两个人，但还不能区分开哪些是你的，哪些是他的，混淆，界限不清。

二元状态：能分清你们两人的界限，而且比较清晰。但是会和某个人有很多情感的纠葛，比如有时想依赖对方但对方满足不了。看到对方有其他朋友自己感觉受冷落，情绪也经常因为对方而起。

二元向三元过渡状态：明白你们在这个世界上各自有各自的世界，这个世界是有很多人的，是多元的，你越来越了解你自己，你要发挥自己的能力争取自我的存在感。

三元状态：在社会上争取到自己的位置，很开心，很有价值感和意义感。

学生：我感觉自己处在二元向三元过渡，或者说有时候在三元。我觉得自己虽然学习成绩不是很好，但自己独立，有思想。更愿意花时间在集体中，组织活动，同学们说也很喜欢跟着我做事，我觉得自己蛮有领导力的。那种感觉比考个年级第一还开心。而且在做这些事时，我也很有成就感。

老师：还有什么发现吗？

学生：老师讲这个阶段的时候，我突然能理解为什么有的同学不喜欢参加班级活动，总是沉浸在自己的世界；有的同学总是讲自己的事情，听不进别人的建议了。还有的同学为什么总是只能跟一个人做朋友，老师，你知道吗？我原来有一个朋友就因为我和其他朋友走得近就不理我了。我现在也理解她了。我觉得好像心胸都宽广了，哈哈，难怪他们管我叫：刘备。

老师：嗯，你是刘备哦，刘备需要偃月刀吗？

学生：不需要，但我需要关羽。谢谢老师！虽然有些还不太明白，但我可能不再因为父母不让我做，我就烦恼了，就否定我自己了，我知道了自己的优势，感觉心里更踏实了。也许我将来会创业，老师来给我剪彩哦！不过，以后我会在学习上分配多一点的精力。

心理老师点评

当学生自己和父母都没有看到的优势被老师看到，被肯定，并反馈给学生、家长。这份被理解后的力量是发自内心的，是有持续性的，对青少年后续成长是极为有利的。

如果一个人在老师那里获得了、感受到了“被看见”，那么他自然就会形成“我很重要”的感觉，也就形成自信。当他长大后，在人际交往中，他会觉得自己是关系中不可或缺的那个人，在工作场合中，也会倾向于认为自己的工作是最重要的，敢去争取更多的权利和责任。“因为被看见，我们感觉到被重视；因为被看见，我们感觉到人世间的温暖；因为被看见，我们体会到不能忘怀的深情；因为被看见，我知道，你懂我。”

4. 如何看得见学生——“看”才能“得见”

看学生的非言语行为在表达什么

每个人都在表达自己，即使沉默的人也在用他的眼神、衣着、头发等来表达自己。非言语线索是很难控制的，在表情、眼神、姿态、身体动作和其他行为中，即使人们想要隐瞒他们内心的感觉，非言语行为仍然会陷入这些感觉。

回避、不安的眼神，双臂交叉等身体环抱的姿势意味着安全感不足，老师的微笑、点头就可以让他们知道自己被看见。

不满、不屑的眼神，意味着想要挑战老师，表达的是他们无处安放的攻击性；老师友好的触碰，比如拍拍肩（同性别老师）意味着他们的表达被看到。渴求的眼神、开放的双臂意味着他们想要更多的信息，老师只要好奇地问他们想要了解什么，老师随时都在，就意味着被看见。

紧缩在一起的笔迹、作业的呈现、到教师办公室次数等，学生会呈现给老师无数种希望被看见的行为。

看学生内在心理发生的过程

示范语言：

“你是新转来的同学吧，肯定对很多事情还不太熟悉，我看你的转学记录上显示你喜欢足球？”

“发数学卷子的时候，我看你脸色沉了下来，成绩不太满意是吧？”

“这次卷子有点难，我看你平时听课、作业很认真，一直在参与就好。”

“体育课上看你原来很投入，现在总是一个人，有什么事情？”

看到学生努力学习的过程，能在学生感受到挫折和难处的时候，看到自己的资源。

“我看你玩游戏的样子并不开心？”

“你看起来，似乎有些生气？”

看个体和团体的关系，连续看一个人

一个人今天和昨天有什么不一样，人际关系中的小团体，谁比较孤立、不受欢迎，谁有号召力、有个性，谁是班级开心果、替罪羊，考试前沸腾的班级掩饰群体焦虑。如果一个学生出现了问题，教师就需要连续看，看得多就会积累自己对问题学生的经验，当你看得足够久，足够有耐心，一个个之前没有注意到的细节就会逐渐在你面前打开，然后你突然发现，原来很多现象是有关系的，他们一直在表达，只是原来没发现。这个看的过程就是一种陪伴，陪伴他在问题中待一会儿。感受他的感受，才能“一切逃不出老师的眼睛”，学生的困境就容易看得到。

看得多就会形成教师的专业直觉。“他永远在审视你”，“我只是观察他，在觉得我能给他支持的时候给他支持，把一些他可能擅长的事情交给他做”。老师看着班级的吵闹，意识到他们在用这种方式表达着考前焦虑。

只是看到他们，哪怕你不刻意做什么，师生之间也会产生一些有节律的亲密感，应运而生的也会有一些小刺激、小张力，这些刺激、张力就会推动学生的改变。

一个练习“看”的技巧：找一个熟悉的电视节目，关掉声音。在静音状态下，猜测他们说了什么，时间长了，就会形成对人的直觉，很容易看到学生语言、行为背后的信息。

二、听得到

老师们每天在讲课，传授知识，说似乎更加擅长，“听”却不是件容易的事。好老师会听，只是通过听就能缓解学生情绪，解决学生问题，“听”在于他们能够准确听得到别人听不到的学生话语里的内涵，这里面的秘密是：

1. 给予时间和好奇心，只是单纯地倾听

单纯地听，不评价、不批判、不出主意，只是倾听，这并不容易做到。如果你曾经被这样对待过，你就知道那是一种什么感觉。做不到的人往往是

没有被单纯倾听过。作为一个老师，为自己创造一次这样的机会。因为自己没得到的、没见过的，很难拿得出。而这些对于学生，却至关重要。

案例 面对学生作文中的反社会，应该怎么办?

一个高一女生作文中有很多言论比较消极，甚至有些反社会。老师把她找到办公室。

好教师懂学生

老师：下午咱们去图书馆，那里人少安静，咱俩好好聊聊?

青少年的独立需要，让他产生很多对人、世界、自己的看法，同龄人会在一起交流，但他们也希望听到成人对他们思考的看法，但并不想要成人对他们的评价。因此，他们需要成人只是倾听。表达出对学生的好奇，以及想要了解学生的愿望，他们会捕捉到老师的善意，给学生一点时间，老师的一双耳朵就能缓解学生的很多情绪。

"听"带来学生表达的欲望，老师也才有了解他们的机会，影响他们的可能。被认真对待的感觉，让他愿意认真对待自己。

下午在图书馆，学生不再沉默，开口说话。

"不知道怎么说，最近我外婆那里折迁，很乱，感觉社会很不公平。听大人们说，按照政策可以拿两套房，本来外婆想要搬家，不知妈妈哪里听来的，现在这个社会，硬的怕横的，横的怕愣的，愣的怕不要命的，说当钉子户可以多拿套房，和我们家一样大的房子，别人家拿了三套，听说那家人有什么关系。现在外婆和妈妈住在要折迁的房子里，外地的舅舅因为不能照顾外婆，妈妈照顾外婆，妈妈说，多争取来的那套可以留给我以后结婚用，爸爸下岗，也是因为单位领导贪污……总之，社会就是不公平。"

在倾听的过程中，老师没有说一句话，只是倾听。被人忽视、说的话被人误解、别人根本就不听你说话，不断被打断，这些都让人感到失望和愤怒。

老师： 谢谢你的信任，让我有机会听到你们的家庭故事。刚才听下来都是你妈妈怎样说，怎样做的，你自己有什么感觉和想法呢？

学生： 家里从来没人愿意听我说话，认为我是小孩子什么都不懂。我一方面觉得妈妈这样做不对，外婆身体本来就不好，心脏不好，血压高。这样折腾我也有点害怕，感觉像是在对抗政府。警察会不会把他们抓走呢？再说了，我刚上初三，结婚还早着呢，妈妈想的太多了。说不定我还不结婚呢。妈妈说小孩子不懂。也不听我的，烦死了！一点学习的心思都没有。

老师： 哦，他们不知道原来你是这么想的。他们这么搞反而影响你学习。这件事虽然你说社会不公平，但我听你并不想通过这种非法的方式获得这些财富。你太有思想了！

跟随学生进入她的内心世界，帮助学生梳理他们内在的纠结与困扰，把听到的矛盾呈现给他，把听到的他没说出来的话说出来。问“能够引发青少年思考的问题”。

学生： 是啊！他们在家老说社会怎样怎样不公平，我也不知道社会到底什么样，看网上的新闻吧，什么都有。和同学聊这个话题吧，他们还开我玩笑。不过班长说的我还觉得有些道理，其实社会还是蛮公平的，只要肯吃苦，机会很多。我跟妈妈说，你别搞这些没用的了，虽然我现在学习一般，可我喜欢做饭，以后我上个厨师学校，像隔壁老王叔叔那样开个饭馆，也能过得很好。老师，你觉得呢？

老师： 我正在想你刚才所说的话，我觉得这段时间你真的不容易，既担心妈妈和外婆，又不知道跟谁说。但我又觉得你很厉害，你对这件事有你自己的看法，还想好了以后的路，而且听起来是你喜欢的事。不过，你对自己的学习有点判断不准哦，在我看来，你所说的学习一般是谦虚，是你劝慰妈妈的话吧？哈哈。

学生： 是的。前段时间被妈妈搞的，看了很多网上的拆迁新闻。

感觉社会很不公平，今天跟老师聊聊，现在再想想，也许社会的公平要靠自己真正的努力去获得。很久没人听我说这么多话了，感觉好轻松！

心理老师点评

对于这些作文中呈现的所谓反社会的思想，有时候看起来很可怕，但却是他们试图努力思考现实的表现，这些思考可能是片面的，但只有这些片面的思考被听到，思考的过程被听到，内在的冲突被听到，老师才有机会影响他们。但奇妙的是，当老师给予科学的倾听后，他们的思考反而能够更进一步，这不是老师推动的结果，是倾听的结果。

倾听就是“暂时生活于他人的生命之中，非常细心地巡视这个内在世界，而不给出任何评判”，“如果有人认真倾听，不对你做任何评判，不问是非，也不试图改造你，这种感觉很好。有人聆听时，看似毫无联系的事物就能融为一体，看似无法化解的困惑就变得相对清晰、流畅。”人本主义心理学家罗杰斯如是说。

2. 换一个角度看问题

案例 向左看、向右看

学生：老师，我不是有意迟到的，凌晨 4 点才睡觉，早晨实在起不来。

老师：嗯，怎么睡那么晚？

学生：不知道为什么，每天做完作业，躺在床上想东想西，有时候越想越愁。单词要背、作文写得好还需要看很多课外书、数学我本来就差，周末还要上补习班，感觉做不完的事。别人可能是不情愿，我是很想投入的，我想绝不能浪费高中这三年时间，我要通过我的努力进我理想的学校……但就是晚上躺在床上的时候，我把那些想做、没做、要做的事，列了一个单子，好长啊。看着那个长长的单子，就睡不着。

老师：嗯，我明白你为什么迟到了，睡不好是起不来的。

学生：是啊，怎么办呢？最近快考试了……

老师：嗯，不急不急。我们一起来看看啊。你刚刚说在你面前有个单子，很长很长对不对？

学生：是，一张好长的单子。

老师：这单子上是你没做、想做、要做的事，对吗？那么你白天已经做的那些呢？想过吗？

学生：没想过，做完就做完了。已经做的事情还想它做什么？

老师：现在想想看，如果把你做过的那些事放在面前，看看像什么？要不我们把已经做的叠起来怎么样？

学生：哦，我白天可忙了，每天做很多事呢。如果叠起来的话应该像座小山了吧。

老师：左边是你已经做了的，右边是你还没做的。试试向左看什么心情？再试试向右看什么心情？

学生：哇，果然心情不一样。向左看觉得很有成就感，我真厉害！还有点飘呢。向右看就不一样了，有点无力。不过，有意思的是刚刚向左看了下后，再向右看时心情好像有点不一样，不那么沉重了，

也不那么无力了。

老师：对啊，心情我们是可以主动调节的，就在于你选择向左看还是向右看，重要的是你要知道除了右边的，你还有左边的。

学生：谢谢老师！以前您讲过“换一个角度看问题”，当时只是听听，现在在自己身上体验过才能真的明白。我懂了，以后再遇到事我一定会多个角度看问题。

3. 如何才能听得到学生的声音

倾听的时候，放下自己的固有观念、年龄、个人好恶、性别，甚至作为老师的身份有时也要放下，只是把自己看作一个容器，倾听。

放下固有观念，就会对学生多一点好奇：内在空一点，学生的感受才能进得去。放下年龄局限，就会对学生多一点理解：任何时候不要忘记，我们的对象是青少年，正处于发展中，不管他们表现得如何成熟，不能用成年人的眼光要求他们。放下自己，就意味着放下了自己的局限。听不懂的仔细询问，同时帮助澄清。“刚才你说的是……吗？”

下面这一段话来自一位被情绪困扰多年的患者，他身边的人总是劝他不要有负面情绪，但从来不仔细听他说什么。

请你听我说。

当我叫你听我说，而你开始给我你的意见时，你没有回应我的请求。

当我叫你听我说，而你开始告诉我不该有某些感受时，你是在践踏我的

感受。

当我叫你听我说，而你觉得得做点什么来解决我的问题，是你已把我当作失败者。

虽然这样说可能有点怪，仅仅是你能听我说，你无需说些什么，做些什么，只需聆听我。

建议是廉价的，几个零钱买份报纸，不同专家的意见有的是。这我自己会做，我还未曾无助至此。

你替我做些我需要自己来做，而我又能自己做的事，对我来说你使我更加忧郁，更加软弱。

但是当你能接受一个简单的事实，当你能接受我有某些情绪感受，而不去管这些感受是否合理时，我就不用千方百计去说服你，我正受困于某些情绪。

我就能去想想在这些非理性的情绪背后到底是怎么一回事，而当我弄清这点事，我要做什么，便会一目了然，不需什么建议，所以请你听我说，你只需要聆听我就够了，正如你想说些什么。

请不要打断我，说完后便会听你说。

（以上内容摘自《心理咨询师的部落传说》）

案例　认真、努力的笨小孩也有出路（初三学生）

学生说：数学好难，看着别人听得懂，自己不懂时很尴尬。

听得到：从所教授知识的内容丰富度和深度来看，中国基础教育水平其实大大超过了他的智力水平，并且我们所教授知识的深度也领先于同龄孩子的智力发展水平。所以许多题目还是很难的。我们不得不承认一个事实，并不是所有的孩子都有适合学习的大脑，也不是所有孩子的智力和潜质都能让他成为学霸。

妈妈说：只要功夫深，铁杵磨成针，努力就一定有回报。

听得到：努力得不到回报，只习得了无助。有人误以为，学习成绩好就是投入更多的时间。而研究表明，学习成绩和投入时间的关系，可能是一条倒U型曲线。到一个临界点之后，投入时间越多，可能效果越差。

老师：听到他的沮丧，鼓励他练习自我接纳。

我喜欢乐器，我出的黑板报结构最好看；生物课是我最喜欢的课程，我是足球队的后卫，有人研究过，青少年的学业成绩和自我概念呈正相关。而老师对他的认真和勤奋的认可，帮助他接纳自己，这些都是有积极自我概念的青少年所说的话。

老师听到成绩背后的努力，肯定他的认真，并告诉家长，让家长也看到，认真也是优势，勤奋能补拙，虽然成绩仍不好，但他不再沮丧，结果是成绩比原来略好。

家长听到老师对孩子的肯定，才说出自己的苦恼。家中经济条件很好，未来打算送孩子出国，但希望高中毕业后，还没跟孩子讲过。老师鼓励家长和孩子交流未来对他的安排，孩子有权利知道。孩子知道后，决定高中进入国际学校，学IB课程。该同学现在国外读编导专业，认为老师对他“勤奋与认真”的评价是高中老师给他的最大的礼物。

很多人想要学习沟通，认为沟通是门技术，甚至认为沟通是一种话术，有说话的套路。有经验的好老师知道：看得到和听得见相结合，就是最好的沟通。学生的大部分发展性问题都可以得到解决。

案例　简单数学问题的背后

行为秀场

一个学生经常找数学老师问问题，每次问的问题都很简单，几次之后，老师感受到了他对学习的焦虑以及想要靠近老师的需要。

好教师懂学生

老师：是不是对这门课有点担心啊？（老师听到他语气中的焦虑，看到他的情绪。）

放心！有什么问题只管来问，只要你愿意学，我们一定会有进步的。（用“我们”表示老师愿意和学生一起，让他感觉自己不孤单，同时也表示学习是双方的责任。）

我看到你上课认真听讲，笔记也做得很仔细。（再次让学生感觉到自己的努力被看到。）

今天我们先不讲题目，我们一起看看问题到底出在哪里？（老师表达出倾听意愿，打开学生的心扉。）

学生：从小数学就不好，家里花了很多钱给请辅导老师，自己乖巧听话，知道父母是为了我好。我觉得自己笨，学人家用五颜六色的笔做笔记，以区分科目，还因为笔记记得好被学校公开展览过……问同学问题，同学觉得简单不愿意仔细讲给我听……很久没说过这么多话了……

老师：如果不是听你说这些，我都不知道为了学好数学你想了这么多办法，而且从没放弃过。（努力再次被看到。）

学生：（被看到后会引发思考）我也知道自己学数学没什么天赋，只是考大学必须要考。其实我喜欢文科，以后我打算……（被看到让他能接纳自己），以后不会跟数学打交道（开心、愉快的情绪替代了焦虑、不安）……老师，我想能把数学的基础概念搞清楚，高考能拿个基本分就行。（接纳自己后，就会从最靠近自己的事实起步，自己会知道策略。）

老师：好啊，一言为定。那我们就从基础概念讲起，看看我们能走多远，也许你爱上数学后，也会给你想象不到的回报呢！（个别差异个别对待。）

实际结果是，当他能把基础概念搞清楚后，再来找老师问问题时，已经可以提出自己对题目的思考了，而不是单纯地问：老师，这道题怎么做？他的数学最后也的确没有很好，但高中生活却没有再像初中一样总是活在对数学的恐惧和对成绩的焦虑中。现在从事媒体传播工作。

案例 总是在失恋的女生

行为秀场

一个高一女同学因为失恋出现各种情绪困扰，几次之后，老师发现她总是让自己处于某种关系之中，不是在谈恋爱，就是在寻找合适的追求者，或者自己被追求之中，似乎不能一个人生活。

原来如此

了解后知道她是异卵双胞胎，从幼儿园到初中一直和双胞胎在同一所学校、同一个班级。当老师把这个发现和学生交流时，她似乎被击中了，一下子明白自己为什么总是黏人，只有旁边有人时才觉得安全。她说：我知道自己的问题在哪里了，我需要学会独处。虽然她依然说不清楚自己的内在需求，但她被看到后，不再重复把自己陷入到关系中，知道做什么能满足她的需要了。

心理老师点评

“内在的没有被满足的需要”被老师看到，情绪问题不再是问题，采取的行为开始走向成长的方向。

倾听这些故事讲述，知道青少年是如何思考问题，如何感受，以及如何做出反应的，有时候仅仅是满怀同情和仔细地倾听，就足以产生有意义的改变。帮助青少年寻找自身的能量和资源。内在能量和外在处理，他们想要的正是他们所需要的。

三、接得住

1. 什么是接得住?

6 岁的小朋友问妈妈：妈妈你会死吗？妈妈，你不能死，你死了我怎么办？等我长大了你再死。妈妈，我长大了想和小明结婚，可是小明说他不能跟我结婚，因为他要跟他妈妈结婚。

听到这些 6 岁小朋友的问题，你的感受是什么？会怎样应对呢？如果你是妈妈，你听到过这些问题吗？又会怎样面对孩子的这些问题？如果你是老师，你听到过类似的问题吗？小朋友问你这些问题你会怎样回答？

儿童在成长过程中，会遇到一些发展性的问题，产生跟发展有关的复杂情绪感受：愤怒、恐惧、焦虑等，他们第一次有这些陌生的感受时，常常觉得难以承受。就会像扔一个烫手的山芋一样扔给父母。比如，小朋友问的死亡问题，一定是因为感受到如果没有妈妈的话，自己会有可能活不下去的恐惧。如果父母接得住，没有因为孩子问的问题而生气，反而平静地说："嗯，妈妈也会死。不过，妈妈会陪着你长大的。"他长大变成青少年后，就会面对自己的情绪。

父母如果不接，比如面对这个孩子的问题，说："小孩子胡说什么？怎么能说等你长大妈妈就能死了。""你才多大呀，就说结婚的事。""小宝宝想那么多干什么！"这就相当于不但否认了孩子的感觉，还会再把这个烫手山芋扔回给青少年，并且还要加上自己因为被扔山芋引发的情绪。如果青少年总是把自己不能处理的排除在外，就会使得青少年不但没能学会如何处理烫手山芋，还要承受更多。学生还会把这个山芋带到学校，扔给老师。如果老师接得住，并且示范如何处理烫手山芋，再把它还给学生，让学生看到自己不能处理的情绪，老师是如何处理的，就是懂学生的好老师。

比如：课上学生反驳老师的观点，老师说："没关系，我不跟你计较。"这不是接得住，而是迂回告诉学生争论没意义。但如果说："独立思考的意义比正确与否更重要"，学生会感觉到被接住了。当老师接得住学生，就留出了师生交流的空间，当他有需要时就会想到老师，老师也就有机会影响他。

再比如：孩子气愤地表示要反抗家长的不公平对待。"他如果再跟我动手，我就不客气了。"如果老师不是说："怎么能跟爸爸动手呢？你是不是觉得自己力气大了、翅膀硬了？"而是说："我十分理解你是不会与你尊敬的父亲动手的，但是你可以用对他说'不'的方式来面对他，只不过不用采取伸出拳头的办法而已。"就接住了孩子愤怒的情绪。

2. 接得住愤怒

案例　不要叫我“肥痘”啦

初二男生，因为被同学喊绰号“肥痘”，经常性地感受到害怕、生气、无助、羞辱。这让他不能专心学习，成绩很差。回家告诉母亲，母亲让他好好学习，不要理他们，或者就骂回去。他按照妈妈说的，不理他们时，他们就更加大声地喊他的绰号；骂回去时，对方反而说他开不起玩笑。他很生气妈妈教给自己的办法不但没用，还让他承受更多的羞辱。

（妈妈既没看到他害怕的情绪，也没有接住他无助的感受。）

他开始冲着母亲发脾气，母亲就向父亲告状，父亲因他不能像父亲一样是个男子汉，如此软弱，把他痛打一顿。他咽下这些难过，变得默默忍受。

（父亲不但不接他害怕的感受，还认为是懦弱的表现。）

直到几个同学又一次大声地喊他的绰号时，他再也受不了，和同学打了起来

（他从家庭学到的是用拳头解决自己的情绪。）

老师被学生喊过去，才知道发生的一切，拦下他举起的拳头时，他的愤怒冲向了老师，像疯了一样把老师桌上的东西掀翻，然后把头往墙上撞。老师抱住他的头，没有说话。

（接住他的情绪，没有像他的父母那样训斥他，而是陪伴他。）

过了一会儿，老师松开他，并没有问他发生了什么，问：你现在的感觉怎样？

（这么多年从没有人问过他的感觉，他不知道怎样回答这个问题。接住情绪后，才有机会看看这个情绪是什么？）

老师：我感觉很心疼，所以才想要抱住你。任何时候，不要伤害自己。

（老师说出自己的感觉，并且指出了他的一个错误的情绪处理

办法。）

学生：那我怎么办？没有人教我……

曾经经历过的可怕的事情，关于父母、同学的种种看法、情感奔涌而出。

老师静静地听，没有任何评判，也没有任何解释。越过他的外在，老师仔细体会他这些年内心深处的挣扎，接住了他的愤怒。

老师：现在感觉怎样？

（继续把关注点聚焦在他的感受上，示范：处理情绪首先是自己的情绪先能被自己看到，也称为“情绪觉察”。）

学生：现在感觉好多了，我想他们可能的确是在开玩笑。但他们明知道我不高兴，还在继续喊，我觉得他们不对，当然我也不该动手。

（情绪被接住、被看到引发的思考。）

老师：是的，你很生气（强化他的情绪表达，把他说的“不高兴”强化为“生气”，这是他真实的情绪感受），但就像你说的你不该动手（对他的思考给予肯定）。你生气的时候通常都会怎样做？（让他观察自己的行为与他的感受是否一致。）

学生：我就不说话，觉得自己很笨（他的生气没有表达出来，也没被看到），何况我也的确很胖，脸上有青春痘。（内在认同同学的说法。）

老师：发育阶段每个人都会胖一段时间，你看去年某某就很胖，今年开始长个子……青春痘跟皮肤的清洁有关，也跟遗传有关……（拓展他对自己体质的认知。）

学生：是的，听我爸爸说，他年轻的时候也有青春痘，后来……

（挖掘学生自身资源。）

老师：现在如果叫你绰号的人在你旁边，你感觉怎样？会说什么？

（挖掘学生自身资源，通过重新叙事，换一种角度看困境。）

学生：我会明确告诉他：我很生气，请闭上你的臭嘴。（青少年更愿意用直接的方式表达。）

3. 接得住悲伤和失望

如果一个老师用心和学生链接，一定会听到很多悲伤的故事：

从小相依为命的祖辈在中考那一天去世，父母怕耽误考试，没有告诉自己。

父母离异后，都不想要自己，一个人居住。

养了多年的宠物死掉了。

妈妈并不想要他这个生命，是为了和爸爸结婚，生他就是妈妈的工具。

没有最悲伤，只有更悲伤，他们深埋在心底，可能以为自己都忘记了。但是，当一个老师看得见她、听得到她，那些悲伤的、愤怒的、恐惧的情绪都会随着信任涌出。老师要能像一个容器一样，把这些情绪在这个容器里进行转化，而不是被淹没，这需要接得住的定力，更需要老师自己健全的人格。

“老师看到你的悲伤，你能坐在教室里已经是你付出巨大努力后的结果，我相信你会越来越好，老师一直和你在一起。”

案例　男孩的心事我来猜

方同学曾经处处维护老师，最近不但说话阴阳怪气，还经常抵触老师。当同学们一起高高兴兴切生日蛋糕时，他说：“不就是个蛋糕嘛，有什么稀罕的！”当老师让他背课文时，甩一句：“不会背！”即趴在课桌上。

老师了解方同学家里也没有什么变故，把他叫到办公室，他头抬得高高的，一副拒绝交流的样子。问其他老师，方同学表现正常。老师自己反思：一定是我哪里处理某个问题时让他心生不满了。一段时间过后，有女生悄悄告诉老师，因为方同学和另外一个女生恋爱的事，在老师这里被女方家长知道，导致女朋友被父母粗暴对待。方同学替女朋友打抱不平，所以对老师一直很抵触。知道原因后，老师向方同学道歉并妥善处理了他女朋友的事。方同学因此又将自己的其他烦恼和老师分享，得到了老师更多的帮助。

在青少年成长过程中，经常会理想化成人，就好像案例中的方同学，既不告诉老师真相，也不表达自己真正的想法，把老师当作福尔摩斯，来侦破他的心事。这是他在理想化老师，同时，当理想化失败时，他对老师从失望转变成愤怒，所有的感受在他的内在世界发生着，如果老师不深入了解，这份对理想化人物的失望会随着他的生活沉淀下去。但是，老师接住了他的失望，看到了他的愤怒，并没有因为他的抵触反击他，这才有了后来方同学成长的更多机会。

每一个老师都有可能被学生理想化，把对方想象成自己理想的样子，放一个光环在老师身上。这是青少年成长的需要，他需要一个理想化成人的存在，让他有勇气走进成人世界。尤其是对一些青少年，小时候期待父母保护他们的时候父母没有能力保护他们，对父母的理想化破灭之后，寻找其他理想化人物成为他们生命中非常重要的内容。如果学生需要老师成为他的理想化客体，一定是在他的家庭功能中缺失了这部分。寻找“理想化老师”有时是学生的需要。

4. 老师如何才能接得住？

如果用墙壁和杯子来比喻接不住和接得住，当学生的球击打过来接不住就好像是墙壁， 球会被反弹回去。接得住就好像球筐，越是健康的人格能接得住的就越多，筐子越大。

好老师要区分开哪些是学生的情绪，哪些是老师的情绪。

案例　好老师要学会放下自己的情绪，接住学生的感受

“小池是我们班的才女，五官大气，身材高挑，落笔成文，出口成章，做事利落，条理清晰，是我非常欣赏的一个女孩子。上学期期末，我发现她与班里一个品行落后的学生关系暧昧。”

“一个并不优秀的男生追到女生，开始的时候对她一定是言听计从，满心满眼全是她，等她的电话到半夜，早晨给她带早饭，体育课看她跑步。原来无聊至极的课堂，也因为她会站起来回答问题而变得充满期待，女孩儿那些在家里没有得到满足的被爱的需求，在男孩这里得到了满足。”

“面对她下滑的成绩和这个事实，我心中颇有些怒其不争，当时犹豫了很久，最终选择和她谈话挑明，可是谈到那个男孩子，她出奇的冷静，甚至是冷漠，聊着聊着，我感觉到女孩子欲言又止却又急切想向我表达的，并不是她感受到了爱情的美丽或是对这个男生的暧昧，而是她的家庭现状。一个重组家庭迎来了一个新的生命，原来家庭才是她触及内心的关键，才是她伤痛的真正原因。”

老师自己的情绪是生气、愤怒，学生的情绪是被爱的需要得到了满足。老师放下了自己的情绪，接住了学生的感受，才得以看到现代社会学生恋爱的本质：“以前我们对于早恋的学生，常常动之以情，晓之以理，告诉他们那不是爱情，殊不知有些学生要的从来不是爱情。过去我们会用这段关系来激励他们，暂时保存这段感情，等考试之后再一起续写人生篇章，殊不知人家从不追求天长地久。我们还会说你值得更好的人，这个人配不上，殊不知人家可能要的就是差异带来的优越感。”

作为旁观者，仔细听那些负面情绪是如何发生的，并告诉学生。帮助学生的情绪在老师这里转化。（请回看关于倾听的部分。）

（本案例来自《中小学心理健康教育》）

案例　对老师的失望是如何发生的?

高一女生，笔记做得好，还有一个漂亮的错题本，作业能够完成但稍微复杂的题目就不会做，因此小考成绩还好，大考成绩始终不佳。

哭着找老师：某某作业都不做，但成绩比我好，为什么?

经过了解，老师知道她从小是乖学生，初中时笔记本、五颜六色的错题本曾作为模版被公开展览，那曾是她最被老师认可的时候。

老师仔细问她笔记怎样记，错题本怎样用。发现她上课忙着记笔记，错题本只用于抄写错题，把老师讲过的正确答案再抄上去，并不知道如何使用错题本。把时间花在简单的重复上。但是进入高中，题目越来越难，需要独立思考，融会贯通。有一些学生，乖，听话。只要服从就能得到认可，缺乏自己的思考。当过去习得的能力，现实不能使用；当学生对自己的能力失望，对外界失望，外界和自己都没有想象的那么好时，反而是她独立思考的开始。经过一段时间的痛苦反思，她依然认为老师说的方法帮不到她。老师看到她的失望，也接受她的失望。告诉她：嗯，是的，在这个问题上我的确没有帮助到你。不过我等你，你试试找到自己的方法，什么时候觉得需要我时，再来找我。让她感受到老师一直在，老师看到她的困境是在依赖与想独立之间穿梭。老师没有因她的失望而被激发出自己的情绪，让失望停留在老师这里。直到有一天，她结合着老师的方法终于找到适合自己的方法时，失望得以转化，信任得以产生。

好老师这只接得住学生的筐子并不是一天形成的，是随着老师个人人格的健康和工作经验的积累一天天形成的。开始可能是易碎的柳条筐，慢慢被学生铸造成不锈钢的。当这个筐子不够坚硬时，老师要学会保护自己，以免去承接自己难以承接的，损伤自己的职业生涯。

四、兜得牢

青少年喜欢有办法、知识丰富的老师，当学生遇到自己解决不了的事情时，好老师能帮着出主意、想策略。即使遇到危机事件，也能兜得牢，托得住底。

1. 学生心理危机

案例　他再惹我，我就不客气了！

学生：老师，最近睡不好觉，感觉情绪不好。

老师：嗯，看你脸色的确不好，发生了什么事？

学生：那个谁谁总是欺负我，喊我外号，我已经警告了他好几次了，现在搞得全年级都这么叫我。我每次看到他，都想杀了他。反正精神病人杀了人也不会判刑。

老师意识到，学生遇到了心理危机。

什么叫心理危机？心理危机（psychological crisis）是指个体在遇到突发事件或面临重大的挫折和困难时，当事人自己既不能回避又无法用自己的资源和应激方式来解决时，所出现的心理反应。

学生心理危机往往是一种主观认知感，是学生的一种主观感受，并不以事情的大小、严重程度为标准。“我觉得很严重！我要我觉得，不是你觉得！”“你觉得他是开玩笑，但我觉得是在公开场合侮辱我。”很多年轻人因为玩笑开过头，酿成血案。有的时候，学生心理危机可能和老师有关，觉得“我今天什么都没做啊，只是批评了他作业没有交，那他为什么会有那么大的一个反应呢？”孩子的爸爸妈妈也会感觉：“我作为爸爸妈妈教育孩子是应该的，那为什么我一批评这个孩子，他的反应就如此之大呢？”危机就是指孩子他自己认为当下所体验到的压力是没有办法去承受的。

老师：精神病人杀人不判刑？什么意思？

学生：老师，我去医院做检测去了，医院说我精神有问题。

老师：医生说你精神有问题？（意识到有什么误解，医生不可能对一个青少年这样说的。）

原来是他拍的一张抑郁情绪证明，他以为那就是精神病证明。

仔细了解后，知道：因为同学喊他外号，他很生气，也很害怕。不知道怎样应对，法律课上学到精神病人杀人不负刑事责任。感觉自己找到了出路。自己在网上看了很多关于精神病症状的描述，再加上他本来就有一些抑郁情绪，自己悄悄去医院精神科挂号，按照症状，医生问了症状、年龄，给他做了心理测试，其中一个是抑郁测试，他悄悄拍下测试结果。以为那就是精神病的证明。

学生：我有这个证明，是不是伤了人就不用负责任了？

这名学生情绪激动，老师看他不时地揣兜：你是不是带了什么东西？

学生：没什么，是用来防身的小刀。

老师想要把刀收下来。告诉他：第一，你这个证明不是精神分裂症的证明；第二，即使是精神分裂症杀人，不进监狱，但也要在精神病院待一辈子。

听到老师说要在精神病院待一辈子，他愣住了。

事后，老师联系了家长，家长很不在乎，说他初中时就感觉别人欺负他，总是随身带着刀。考虑到他体验到被欺负的感受且持续时间较长，而且隐瞒带刀的事实，还去医院做了精神科检查，似乎为伤人做了充分的准备。

班主任老师和心理老师一起评估了学生生理上、情绪上、认知上和行为上的反应，认为是严重心理危机，需要及时干预。

学生心理危机分为一般心理危机和严重心理危机。一般心理危机是指学生的发展性的心理问题。针对一般性心理问题，需要班主任和心理老师定期对学生进行谈心和辅导。

严重心理危机指的是以下几种情况：一是在心理普测或者在老师心理辅导的过程当中，发现有严重心理问题，并出现了明显的心理或者行为异常的学生。二是学习或者生活当中遭遇突然的打击，出现了明显的行为和情绪异常。比如说一些孩子的家庭生活当中出现了一些重大的变故，如亲人的死亡、父母的离异、家庭暴力等。三是遭遇了突发性的创伤性的刺激，比如说一些孩子的校园暴力、车祸、意外怀孕等。四是在重大的考试或者说事件当中受挫，比如说中高考的前后、竞赛、面试失败等。五是和同学、教师、父母等发生了严重的人际冲突，甚至是一些肢体的冲突等导致明显的情绪行为异常。危机的症状复杂多样。并不是自杀、杀人才是危机，有时候表现为突然地发脾气，恐惧失去同伴关系，然后突然转为愤怒等。

危机影响深远：你永远也不会知道每一次的危机事件对孩子会有怎样的影响，处于危机状态的一个当事人，如果不能够及时地得到科学的心理干预，可能会陷入崩溃状态，出现各种症状，甚至是失去宝贵的生命。一部分学生在专业的干预和支持下，依靠自身的努力和强大的心理韧性，可以顺利渡过危机期，并且从危机发展的过程当中习得处理危机的新能力。但是一些心理健康水平比较低，一部分没有得到专业干预和帮助的学生，往往会在心理上留下创伤，适应能力会下降，甚至会影响到他一生的成长。

2. 学生心理危机干预

心理危机干预有狭义和广义之分。狭义的心理危机干预是指在发生严重的突发性的事件，或者说创伤性事件以后，学校采取迅速的、及时的心理干预；而广义的心理危机干预指的是全程性的危机干预，它不仅仅包括危机发生以后的应急干预，还包括危机发生以前的预防和预警以及危机应急干预后的评估。

针对案例中这个学生的情况，学校危机干预小组以班主任和心理老师为主，在对学生情况保密的情况下，制定了详细的干预计划：

（1）心理老师定期和学生见面，对其进行心理疏导，并通过和他建立关系获得信任，教给他情绪管理方法。

（2）班主任在班级开展“如何交朋友”以及“提高情商”班会。

（3）定期和家长进行沟通，通过家长关注他的行为变化。

（4）家校合作，建议家长多关注孩子情绪变化。

（5）班主任和心理老师及时沟通。

五、看得见、听得到、接得住、兜得牢的综合案例

案例 允许我探索未来，回报你成就之歌（高一学生）

奥数班里竞争激烈，一个喜欢文学的男生在班级里很难找到可以交流的朋友，开始到文学里找他认同的世界。初中看到王朔《顽主》，《千万别把我当人》。他身边似乎没有榜样，在自我探索中找到了王朔（男性、很强的文字能力）。

潜意识把王朔看作认同的对象，模仿他的攻击性。在教室里，只要不满意，马上离开教室；在家里不满意，掀翻家里吃饭的桌子。但因为并不知道王朔的成长路径，王朔是怎样成为王朔的。所以他依然会困难，还是会继续探索

接触到摇滚乐，他开始留长发、文身、打耳钉，认为那就是独立自由的象征。长大后希望像他们一样卖打口碟。因为有开明的家长，

虽然没得到支持，但并没有受到阻碍。自我探索得以继续。

当新来的李老师说："我希望和大家很好地度过未来的两年。"他回答："那可不一定。"接得住攻击的老师并没有回怼他。

因为有着文字的特长，他开始写一些攻击老师甚至很多看起来大逆不道的东西：黑暗、教师流氓、官场现形记。

老师一直接得住他的不断攻击，因为当老师看他一篇篇札记的时候，他看到的不是叛逆，而是一个十四五岁少年超越同龄人视野的关注视角，是他反叛面貌背后的理想主义，是他对世界的深情，隐隐的任性。老师看到了他攻击性表达中的才华。

老师不但没有因此教育他，还觉得他很多东西写得不错，老师会和他谈自己看过的那些小说，告诉他哪些作家是好的，哪些作家言过其实。老师容忍着他的一切胡来。让他的攻击有了落处，落在了像棉花一样柔软的老师那里。

他跟同学打赌，在语文课上不说一句话，老师提问他也不回答。老师没说什么，让他坐下。学校拍短片，老师让他在里面饰演一位坏老师，让他攻击的能量有个去处。因为老师知道：他所有的行为都在呼唤着一个没被满足的需要，希望一位权威来首肯！

老师看到了他的优势并毫不吝啬地反馈给他：你是我们这里唯一一个将来可以靠写字为生的孩子。老师像镜子一样映照了他，当他在黑暗中探索时，成人世界为他打开了一道门。

这个学生遇到了了解学生心理特点中的攻击性，能够接得住攻击的好老师，这位老师能够看得见他处于强烈的自我探索欲望中的支持不够的困境，听得到他内心对权威的呼唤，表达对他的欣赏：你是我见过的最可能以笔为生的人。虽然看起来经历挫折，但他最终走到了老师所说的路上。这个幸运的学生就是《三联生活周刊》里"中国式青春期"的韩天，而这个受人尊敬的老师就是李老师。

学校里有一些这样的学生，喜欢学习，但不喜欢学校的学习。他们通常有一些文学、艺术等方面的天赋和特长，因此有强烈的自我探索欲望。当他们的自我探索被成人允许时，意味着可以按着自己的节奏成长，他就愿意长大，进入为自己负责的成人世界。最终，他一定会成为他自己。但是探索需要时间和事件，需要老师发现、支持、鼓励。需要老师看得见、听得到、接得住、兜得牢。

案例　一个得了躁郁症的文学天才

有一个非常具有文学才华的学生被诊断为“躁郁症”，这是青少年人群中发病率较高的一种精神障碍。情绪时高时低，而且情绪变化没有什么特别的诱因。

他的情绪忽上忽下。有的时候很兴奋，情绪高涨，自我感觉良好，说话滔滔不绝，认为自己特别了不起，非常聪明，有能力做许多事。有时候晚上甚至整夜不睡觉，写小说。在学校和老师、同学发生冲突，但从不认为是自己的错。

一个阶段之后呢，又是情绪低落，无精打采，万念俱灰。觉得自己是废物，什么都写不出来。老师了解到躁郁症的特点，了解到其与脑内某种物质的分泌有关，文学顶尖人士如海明威、安徒生、巴尔扎克、马克·吐温，都有轻躁狂的病症。他们在躁狂发作时往往工作效率很高，非常高产。一般精神科会建议服用心境稳定剂，这是一种精神调节和稳定患者情绪的药物。但是他不愿意服药，认为会影响他的学习和创作。

老师： 有时候问题本身不是问题，然后处理问题的方式以及面对问题的态度很重要。我不记得在哪里看到一句话，你想想有没有道理：你的生活不会一帆风顺，但可能激情澎湃。不管发生什么，我们都会陪着你，听你把话说完。但是，你也要科学地看待你的疾病，把握它而不是让它操控你。

在老师的陪伴下，通过和医生沟通，他选择根据自己的感觉决定服药的剂量和时间，并愿意和医生保持联系，定期复诊。每当老师看到他情绪起伏时，都会提醒他，该服药时服药。现在，他带病生存，已经是一个成熟的网络写手。

第四章

好老师，『带』好家长这个同盟军

“带”好家长这个同盟军，“带”这个字在写作过程中饱受争议，“家校合作”似乎更符合现实，老师也不必背负过多的负担。但是，在笔者看来，家长通常只养育过有限的一个或两个孩子，而老师在自己的岗位上见过无数个同年龄的不同的孩子，受过专门的教育学、心理学训练，与家长相比，有一定的专业性。在整个成人世界对孩子忧虑、烦恼和无奈时，“带”意味着老师愿意站在专业育人者的位置上，强调教师自身的专业性，专业的教师对学生家长在学校教育上可以起到“带”的作用。

在实际工作中，老师也在和各种家长打交道，也需要了解不同类型家长的特点，为更好地帮助学生、成就学生打下基础。

青春期的孩子其实并不觉得自己有什么麻烦，如果不是亲子冲突增多，他们也和过去一样，大多数也能和同学、老师和平相处，但的确给家长带来很多麻烦。因为家是他们最安全的地方，在家里他们可以放松自在地发泄、表达。因此，青春期亲子冲突增多是必然的。当家长不能承担亲子冲突带来的压力时，会寻求老师的帮助。

一、“带”家长看亲子冲突的意义

案例　顶撞父母的孩子

邓同学是我校高二重点班的一名男生，小伙子长得高高大大，白白净净，看起来帅气又安静。如果不是他妈妈诉说，我怎么也无法将“顶撞父母、离家出走”等事件与坐在咨询室内安静又乖巧的他相联系。

邓妈妈说，邓同学上高中之前一直很乖，不管是对父母还是对老师，都是礼貌温和。自己曾经担心步入青春期的小邓会像邻居、同事家的孩子一样叛逆、冲动、不听管教，但小邓并没有出现这样的行为问题。当她认为自己终于可以松一口气的时候，小邓却因为一件小事跟家人发生激烈冲突，和父母几句争吵之后便摔门出去。父母原本以为小邓会像从前一样天黑就回家，但是这次小邓却不打招呼去了离家很远的一位同学家，不声不响地在同学家待了两天之后的小邓，若无其事地来到学校准备继续学业，不曾想却被班主任和校长因为私自逃学旷课约谈。邓妈妈再三保证，班主任和校长才同意邓同学继续回校读书，但需要接受学校心理老师的心理咨询。

这是一个典型的青春期亲子冲突，没有预兆，没有大事发生，事后亲子双方看起来重归于好，亲子冲突让双方都发生了改变。

经过几次咨询之后，邓同学不好意思地向妈妈道歉，坦率地告知妈妈，希望妈妈能尊重他，不要总是打断他，总是打扰他，尤其是要给他独立独处的时间。而妈妈则仔细倾听并认真书写做记录，同时也对邓同学的行为习惯、学习生活等方面提出了相应的要求。遇到有分歧的地方，邓同学和妈妈也能互相理解、互相妥协，找出问题解决的最终办法。在最后一次的咨询中，邓同学把自己和妈妈协商的“条约”打印出来，郑重地签上自己的名字，妈妈也签名之后，他们决定把这张条约就挂在客厅最显眼的地方，以此作为约束双方言行的依据。

心理老师点评

带家长看到亲子冲突的积极意义：

第一，刺激父母和孩子反思或改变对对方的态度与行为。

第二，父母意识到孩子已经长大，家长需要关注孩子的想法，给予孩子尊重与认可。

第三，孩子在家中这个安全的环境学到了处理冲突的办法。

第四，形成了亲子双方新的沟通模式：互相听到彼此的声音，看到对方的需要，学会妥协。

“带”家长看亲子冲突的消极意义：

第一，有可能形成青少年心理问题，比如自卑、焦虑、无助、抑郁。

第二，有可能导致青少年行为问题，比如离家出走、犯罪、辍学、自杀、怀孕、药物滥用等。

第三，给父母带来压力，影响工作和生活，严重的会导致产生无奈、抑郁、绝望的感觉，造成父母感情不和，导致婚姻危机，家庭破裂。

不管父母做得多好，青春期的亲子冲突都无法避免，那就帮助家长和孩子看到冲突的积极意义，让亲子冲突成为了解彼此，使孩子获得解决冲突能力的宝藏。避免冲突激化，避免冲突的消极意义。

（资料来源：《中小学心理健康教育》，2017 年第 18 期。）

二、家长对学校老师的指导非常信任

2015年第2次全国家庭教育现状调查显示，排在前4位的是：第一，不知道用什么方法教育孩子；第二，辅导孩子力不从心；第三，太忙没有时间；第四，不了解孩子的想法。其中57.7%的家长最大的烦恼是不知道何种教育方式最适合孩子。

家长选择家庭教育支持渠道中，15.7%为学校，26.9%为书籍，19.4%为网络。但是家长对学校家庭教育指导认可程度显示，94.4%的家长认为非常有帮助。也就是说，家长主动选择老师给予家庭指导的数字虽然少，但是学校对家庭的指导效果确实帮助最大。这说明学生家长对老师的信任度是最高的！

因此，“我们不能将责任归咎于父母，在与孩子父母的交流中，我们只需细心聆听，弄清事情的来龙去脉，而对于他们的哀怨及抱怨不做出任何回应。”法国儿童精神分析学家多尔多如是说。

据研究，中国家长是最舍得给孩子在教育上花钱的，因此中国的亲子冲突主要有两种情况：一种是亲子双方需求发生矛盾导致父母试图阻碍孩子内心的渴望，孩子用抗争的手段阻碍父母的需求。比如：孩子想要自己掌控手机的使用权，家长担心手机使用时间失控，于是发生矛盾与冲突。另一种是双方价值观发生冲突导致父母不能接受孩子的需求，孩子也不认同父母的行为。比如：孩子希望多多探索自己的世界，按照自己的兴趣发展自己，家长希望孩子能够专注学业，先把学习成绩搞上去再说。

当家长需要老师对亲子冲突干预时：

第一，以理性刹车冷处理，防止矛盾极端化发展。

第二，及时进行心理求助，寻找导致冲突的深层原因。

第三，调整家庭关系和教育方式，改变孩子成长环境。

2018年12月15日，《人民日报》曾经发表过一篇名为《教育改革要从家庭教育开始》的文章，提到在家庭教育中，家长可分为“五个层次”，鼓励家长向更高层次前进。

第一个层次，舍得给孩子花钱。

第二个层次，舍得为孩子花时间。

第三个层次，思考孩子的教育目标问题。

第四个层次，为孩子教育而提升和完善自己。

第五个层次，支持鼓励孩子成为最好的自己，并且以身作则。

三、不同家长的不同“带”法

老师只需把家长带进孩子的心理世界。

1. 有悟性的家长——无须“带”

孩子：“我只是有时情绪会很低落，不太想说话，没什么理由，只想安静一会儿。爸妈对我的照顾已经够多了，不是他们不好，完全是我个人的问题，我想静下来，思索一些问题。有时我特别想安静下来，自己享受一下孤独。”

家长：“孩子最近不怎么说话，有时候关心一下他，他还嫌烦，这是不是就是叛逆期啊。”“以前孩子很听话，现在大人不管说什么都要顶嘴。”

大部分家长都没有做好迎接青春期孩子的准备，不能理解青少年思维方式开始变化。这是亲子冲突的主要原因。父母的无助和紧张来自他们对孩子的一知半解，甚至无知。

但大多数家长都是有悟性的家长，出于对孩子的爱，对孩子关心，愿意也善于学习，有的因为个人成长的局限，有的还没适应青春期孩子的改变。

当他们感到疑惑，会主动和老师联系。老师需要做到以下这些：

第一，客观补充学生在学校的信息。信息越多，越能降低父母的焦虑程度。

第二，帮助家长了解青春期孩子特点，告诉家长“你并不孤单，你的孩子不是问题孩子”。多数家长的心态就可以改变，家长的改变也会带动孩子对家长态度的改变。

第三，提醒家长即使做得很好，也不意味着没有亲子冲突。家长要正确处理亲子冲突，主动承接青少年特有的攻击性。

第四，相信孩子，他可能在你看不到的地方长大。

第五，分享理解青少年的学习渠道、推荐文章等。

这类家长是家校合作的基础，老师和家长互为帮手，老师把家长一起带进孩子的心理世界，共同守护孩子的成长。

案例 一个焦虑的妈妈

行为秀场

女儿上高中后，脾气越来越大，最近养成一个习惯，每天放学回家先睡觉，晚上 10 点、11 点钟起来吃饭，做作业到半夜，有时凌晨睡一会儿。家长觉得这样的作息很有问题，但女儿就是不听，在

妈妈的印象中，她过去没有这么固执。妈妈多劝几句，她就会和妈妈吵架，最终还是按照她自己的作息时间行事。妈妈是小学语文老师，最近一次写作文，妈妈像往常一样想要帮她看一看，谁知女儿不但不让看，还讽刺妈妈一个小学语文老师懂什么。家长很担心：“这孩子以前从来不会这样说话，她不会是有什么心理问题吧？”到学校找老师求助。

原来如此

在老师的印象中，她是个认真、努力的学生，平时话不多，内向，甚至有点羞涩，在学校有一两个好朋友，和多数同学关系有些疏远。其他科任老师和班主任的印象差不多，并不认为孩子有什么异常。

老师找到学生仔细了解情况：进入高中后感觉学习吃力，原来作文的优势也没有了。自己写记叙文还可以，高中都是议论文，感觉自己没有观点。作业越来越多，每天完不成。进高中后，学校离家里很远，路上就要花将近一个小时，每天放学回家后，感觉很累。后来听好朋友说，回家先睡觉，半夜起来做作业。最近这段时间，自己只是试一试。如果不行自然会恢复。

好教师懂学生

老师：为什么不跟妈妈讲呢？

学生：说了也没用，她也帮不上忙。而且说了她根本就不听。唠叨个没完，不跟她吵一架，会一直说个不停。总是说早点休息，但很多作业做不完怎么办？跟她解释的时间还不如我多休息会儿呢！

（学生遇到了前所未有的挑战，时间紧，学业重，她在努力适应高中的学业，自己摸索适合自己的方法，虽然方法不一定对，但她的探索是有意义的。）

老师给家长介绍了学生的情况后，家长很震惊，尤其当老师说：她遇到了挑战，在努力适应，努力摸索时。妈妈哭了：我只是看到她晚睡，不正常睡眠，没看到她付出的努力。

老师：妈妈很担心你，你也担心告诉妈妈你的困难后，反而徒增她的烦恼，是不是？

学生：是啊，她教小学语文，以前她辅导我的作文，总是能得到老师表扬，进入高中后，我觉得她那套不行了，所以才不给她看。

老师：我很欣赏你默默努力的样子，看来不是因为要显得独立故意和妈妈对着干的，是吗？那么，最近试下来同学推荐的作息，你自己感觉怎样？

学生：我觉得并不适合我，我家离得远，早晨要早起，现在搞得白天上课也受影响。我准备利用周末调整一下作息习惯。

老师：那么睡眠不够怎么办？我看你路上坐车时间很长，而且是一部车不用换，是不是？

学生：哈哈，我知道了，以前上车就玩手机，下次我试试在车上睡一觉。

亲子冲突后，对青少年也进行一些这个阶段“亲子关系”的教育。

第一，鼓励孩子独立，问一些有助于孩子思考的问题，让孩子学着做决定。让孩子知道不需要通过反对父母权威的意见彰显自己的独立，也不因为对方是权威就同意对方的意见。

第二，对青少年进行更年期的知识普及。更年期和青春期是生命发展阶段相似度最高的阶段，都是处在身体急剧变化的过程中。帮助他们理解父母的同时理解亲子冲突。

第三，青春期早期是区分自己和父母，帮助他们不浪费亲子冲突的任何一个机会，在亲子冲突中了解自己和父母的不同，更好地完成分离。

2. 事业成功的家长——专业“带”

大多数事业做得比较成功的家长，都有一套自己的教育理念和行为准则，能突破现有教育体制的局限，眼光高远，既能对孩子提出高要求，也能接受孩子本来的样子，不苛求，给孩子更多选择，作为一个孩子的支持者能够从旁协助。同时他们也能理解并尊重老师对孩子的教育手段与教育措施。

但也有一部分事业成功的家长，在孩子最需要家长的婴幼儿期，自己忙于工作，也正是因为他们对工作的全情投入，才有后来的事业成功。这类家长通常只看得到孩子的行为表现，看不到孩子的感受和体验，多数不清楚孩子也是有情感需求的，好像只要有人给吃饱穿暖足矣。这些家长往往对生存有强烈的恐惧感，有的自己也曾经是被忽略情感需要的孩子。因为“没有得到过的东西，自己也拿不出来”。所以，他们很难理解孩子的情感需求不能得到满足的匮乏感。当然，这不是他们的错。

当他们进入中年，事业稳定后，目光开始转向孩子，把孩子看作自己人生成功的一部分。对孩子学业期待值高，试图用自己的成功经验占据孩子，认定“只要努力，就能成功”，却不知孩子的成长环境和他们自己的成长环境已经有了很大的差异。家长努力的前提“生存的恐惧”已经不存在，而孩

子现在面临的同伴竞争压力要比过去大得多。孩子进入青春期的时候，青少年自主意识爆棚，“该管的时候不管我，现在来我这里指手画脚”，亲子冲突增多，加剧孩子的情绪波动和情感压力。

孩子是家长成长最好的助推器，很多家长正是因为遇到孩子的问题，触动到自己的核心心理问题，有机会面对自己，和孩子一起成长。这也是很多心理问题孩子所带症状的功能。但事业成功带来的自信使得这些家长很难看到自己的阴影。

面对这些家长，老师要对孩子的先天特质、优点、特长、不足、在学校的表现、学生行为背后的感受和体验有足够的了解，对孩子的成长以及影响孩子成长的因素有足够的了解，用自己青少年工作的专业能力“带”好这些家长，使得他们以及他们身后的资源能够成为孩子的助力而不是阻力。这些事业成功的家长更懂得专业的重要，也更容易尊重懂专业的老师。

案例　你是我的儿子吗？

初三男生，最近经常不能按时交作业，偶尔迟到，一副睡不醒的样子，老师关心地问他什么情况，他开始不愿意说。持续关心他一段时间后，知道了他的父母之间可能有什么问题，他并不清楚，只是感觉家里气氛不对。正巧要开家长会，平时孩子的家长会都是母亲来参加，考虑到青春期的男孩更容易受父亲影响，这次老师强烈要求父亲能来参加家长会。

从与父亲交流的过程中，老师知道父亲是一位非常出色的企业家，经过多年奋斗，企业现在发展良好。他年轻的时候根本顾不上孩子，平时都是孩子母亲和外婆在照顾。最近才知道孩子学习根本就不是自己原来以为的那么优秀，而且发现孩子身上有很多毛病，责怪妈妈教育不力，两人争吵起来，又涉及夫妻之间一些事情，儿子很生父亲的气，不仅没有改变，反而因为和母亲吵架的事不理父亲了。

老师问了父亲和孩子之间的互动，发现父亲有几个问题。当孩子小时候偶尔向他求助问一些问题时，他会轻蔑地说：这个事情这么简单也不知道？你是我儿子吗？或者就是讲一些空洞的大道理，比如：努力就有回报，然后就把自己的奋斗经历给儿子讲一遍。

在亲子沟通中，家长的“轻蔑”和“讲大道理”是孩子最讨厌的两种方式。问他孩子的兴趣，对未来的打算，孩子遇到什么会开心、遇到什么会难过，有没有喜欢的女孩子、喜欢什么样的女孩子，等等，他一概不知。面对一个对自己一概不知，而且也没有兴趣了解自己的人，即使他是父亲，孩子也不愿意跟他有交流、沟通。从谈话中，老师发现孩子母亲似乎也没有有意识地将父亲拉近到孩子身边，而是把孩子作为自己的私有财产，让父亲感觉他们母子一起对付父亲。“我为这个家辛辛苦苦在外边打拼，现在我教育一下孩子，他妈妈

就觉得我是不体谅她的辛苦……”

老师只是听着他的苦恼，并没有再多说什么，给他介绍了孩子在学校的情况，孩子的优势、表现等。最后问他：一般情况孩子年幼时你们如果没有建立良好的父子关系，孩子进入青春期后，你再想要影响他，会很容易被理解为控制。但是只要你愿意，任何时候都不晚，要先从建立父子关系开始。不评判、不批评、不提意见，只是作为一个父亲关心他，表达作为一个父亲愿意靠近儿子的愿望。开始，他可能依然拒绝你，不理你，偶尔还可能刺激你，因为青春期再建关系并不容易。

这个父亲意识到孩子的问题与自己有关后，很主动地寻求改变，自己还买了心理课程。果然如老师所说，并不容易。但他始终记着：要想影响他，必须让孩子接受自己，就这样坚持了近一年。有一天，儿子在校外因为和社会上一些人的纠葛，第一次主动给父亲打电话求助。父子和解，孩子也因此得以接受父亲的影响，两个人像伙伴一样共同探讨未来的方向。这个孩子未来一定会很好。

心理老师点评

依恋理论认为一个孩子在成长过程中的悲伤、痛苦、无助是需要被自己的照料者及时听到、理解和安抚的。如果这些需要被及时满足，一方面，孩子会形成对自己积极的看法，会觉得自己是被爱的，有价值的，在日后面对挑战时会有更多的勇气；另一方面，也会帮助孩子形成对人际关系积极的期待，他们更能够在与人交往时自然地靠近对方，与别人建立彼此信任的关系。比起那些从小被忽视、贬低和虐待的孩子，从小被照料者悉心照顾、理解和安慰过的孩子，成年后会更聪明，职业成就更高，人际关系更和谐，身体健康状况更好，寿命也更长。

案例 用自己的压岁钱买了一只狗

初三男生，家长出差回来发现家里多了一只狗。父亲一看，觉得孩子玩物丧志，打了孩子，孩子离家出走。妈妈找孩子回来后，孩子每天就是抱着狗，不再和父亲讲话，父母不解：“难道，我们做父母的还不如一只狗？”找老师求助。

这是一对忙碌的父母，家里很少三口人一起吃饭，孩子自打有记忆起，小时候和爷爷奶奶一起，上小学后，基本都是和保姆一起吃饭，而且因为妈妈总是对保姆不满意，印象中至少换了8个保姆。现在换成钟点工，每天给他做晚饭，有时候爸爸在家，有时候妈妈在家，即使两个人都在家，也是各自抱一台电脑，看起来很忙的样子。唯一一次一家人一起逛公园，爸爸还被中途叫走。

学生说：有时候，我觉得父母还真的不如一只狗。父母都很忙，自己经常一个人在家，需要陪伴。想家里有个活物，能喘气的。狗还能陪我说说话，还不用受责备。他们总觉得我不够努力，说他们来到上海闯荡多么不容易。所以，我以前从不要求什么，尽量按照他们说的做。但现在我太孤独了，上次跟他们提起养只狗，他们本来也同意了，但一直拖着，都拖了一年。过年有了压岁钱，我自己就买了。有了这只狗，我感觉心里舒服多了。每天放学回来，它都会……我有时候怀疑，他们为什么生我？这半年来我都怀疑自己得了抑郁症，对照了网上的抑郁测试，真的接近，后来看到说，动物有疗愈作用。反正他们也没时间陪我，那我还不如买只狗陪我。

研究儿童依恋的心理学家鲍尔比认为：父母在家庭环境中对孩子的教养方式是敏感而且有回应的，长大后孩子容易形成安全的感觉；父母在家庭环境中采用的教养方式缺乏感知能力，没有情感和行为上的回应，甚至是拒绝的方式，长大后孩子也不知道如何跟别人建立关系，会回避关系。父母在家庭环境中采用的教养方式是反复无常的，有时可能会热情地与孩子互动，有时可能会无视他们的需求。孩子也会反复无常。

从孩子在长大过程中与父母的互动方式，以及孩子在学校的表现看，父母似乎都是回避型家长，用工作回避亲密关系。孩子也是回避型儿童，进入青春期后，他的回避让他缺乏亲密关系，在默默承受着没有倾诉渠道的痛苦，他自己试图寻找一个自我表达和自我疗愈的机会，看到动物的作用，他征求父母意见，依然被漠视，于是不顾一切使用自己的压岁钱买狗。

孩子的这一行为直接指向家庭的核心问题，妈妈听了老师所说的鲍尔比依恋类型，也承认自己对孩子情感需求的忽略，谈了自己和丈夫的原生家庭。原来认为是夫妻关系的问题，没想到自己的孩子也有这么多压抑的感受，孩子在潜意识推动下选择动物帮助自己，是为了不让自己的情绪继续下坠。同时也推动了家庭和父母的成长。

老师依然只是倾听，不再说话，最后，老师做了以下几件事：

第一，告知家长孩子在学校的情况：对什么事情都没有热情，和大多数同学关系也是淡淡的。学习似乎也是应付，和他的年龄感觉不符。说是佛系，但有时候很依赖朋友，曾经跟着一个同学去家里吃饭，很喜欢一家三口坐在一起边吃饭边聊天的温馨气氛。

让家长知道：孩子如果一直很顺从，从不反抗，反而更危险。这次他用行动告诉父母，我长大了，我有我的需要。我通过自己的行动满足自己的需要。说明他有自己的欲望了，有热情了，不是坏事。作为家长是不是也思考一下孩子真正的需要是什么，除了满足孩子的吃喝外还能做些什么。

第二，动物对孩子的疗愈作用：并介绍一些关于动物对人类的心理作用。有很多孩子在青春期最困难的时候，在最不被父母和老师理解的时候，在觉得全世界都抛弃了自己的时候，都是在狗的陪伴下扛过来的。

动物的无条件接纳：陪伴许久的动物会演化出极高的敏锐性。当孩子不开心时，甚至能读懂他的情绪，然后安静地陪在身边，舔一舔脸颊，一起处理情绪。

宠物的世界很简单，吃饭，睡觉，玩，很纯粹。人与人之间相处，需要考虑的因素往往过于复杂。纯粹的感觉让人放松安慰。狗们都非常地友好，耐心、自信、温和。他们会很享受和人类相处。通过观察和互动，很多动物都可以起到疗愈的效果。动物的存在给了人从纷繁复杂的“人类事务”中解脱出来的机会，而这种短暂的情绪解脱，在心理治疗中可能是非常关键的一环。

关于动物治疗的研究已经持续了近半个世纪的时间，绝大多数的研究结果对宠物的疗愈作用都持肯定态度。不管是对于已被确诊情绪障碍的人，还是有情绪困扰的普通人来说，和小动物玩耍嬉戏都可以显著提升体内内啡肽的水平。不只是狗，很多动物都可以起到疗愈的效果。在动物疗愈中最受欢迎、最广泛被使用的就是狗了。然而研究显示，大多数的动物，包括蜘蛛、兔子、蟋蟀、鱼等都可以起到舒缓压力、提升情绪和自信的作用。事实证明，动物的确具有非凡的疗愈能量。它们似乎懂得让疗愈发生的秘密，而这些秘密，却早已被许多人遗忘。

父母理解了孩子，明白了过去忽略孩子带来的伤害，与孩子和解：“谢谢你！对不起！我爱你！”同时在孩子的推动下，反思自己的生活，也许该慢下来了。目前，狗成了他们一家三口的快乐源泉，通过狗狗，他们都在学习如何建立彼此的链接，相信未来会很好！

3. 宝宝型家长——一起带

不想长大，自称宝宝，经常无意识地把孩子当作家长，孩子还要照顾她的感受。“每次和妈妈吵架，不管什么原因，谁对谁错，我都要跟妈妈道歉，否则她就哭个不停。难道不应该我哭吗？”

这种类型的家长“带”的重点是：通常还想做宝宝的家长，言语化能力也比较弱，容易情绪化，当孩子进入青春期，情绪起伏也比较大时，亲子冲突较多。这类家庭很多情况是父母双方，其中一方心理年龄较小，另一方处于照顾者的角色。随着孩子的出生，本来是一对父母和一个孩子，但是，这样的家庭更像是一个家长两个孩子。孩子经常被置于照顾家长的角色，当然不是实质上的照顾，而是情绪上的照顾。亲子冲突的发生，类似两个孩子抢孩子的位置，孩子试图把妈妈推走，但力量不够。有时候需要老师帮助把家长推开，让她回归到自己的妈妈位置。孩子才能站到孩子的位置。

案例　这么画圈的妈妈什么意思?

妈妈和孩子一起来找老师。孩子希望能和妈妈好好沟通，但妈妈听不进，妈妈觉得孩子不懂事，趁家长会的时间找老师求助。

妈妈的打扮看起来很少女，说了一堆车轱辘话，只是不停地表达：孩子不懂事。

老师：你们两人每人在一张纸上各自画两个圈吧，大小、位置自己定。一个圈代表妈妈，一个圈代表孩子。

孩子想了想，很快画好了。妈妈半天没有动笔。像个小朋友一样不停地眨着眼睛。在老师的提示和帮助下，终于画完。

孩子的两个圈：左边很小的圈是我，右边很大的圈是妈妈，想要向前走，但妈妈挡在前面。不管我说什么做什么，她都好像听不见的样子，想要跟她好好沟通，她说我教育她，无理取闹，觉得我不尊重她，发脾气。

妈妈的两个圈：两个圈套在一起，外边的圈是女儿，被包着的圈是妈妈。女儿很厉害，总是教训妈妈，一方面妈妈有被管住的感觉，另一方面妈妈感觉有点暖。然后妈妈说了爸爸不在家时，女儿陪伴自己的故事。

老师：你们再彼此看一下对方的画，有什么差别？自己有什么感觉？

借助两个圈的大小、位置，双方谈母女的关系。妈妈逐渐意识到自己看起来每天做饭、洗衣，在照顾女儿，但在情绪上、心理上，女儿一直承担着承接妈妈的任务，更像妈妈的妈妈。随着孩子长大，自主意识增强，孩子想要跟妈妈分离，而妈妈似乎还没做好准备。所以，在女儿眼里，是两个圈，自己虽然很小，但已经想要脱离妈妈。妈妈是圈套圈，纠缠在一起，还没有做好分离的准备。

从那之后，据女儿讲，妈妈更像是一个姐姐，开始能听进女儿的话，愿意听女儿的心事，女儿尝到了以前很少感受到的心理被照顾的感觉。当老师问她，如果重新让你画这两个圈的话，什么样子？她说：我感觉自己的那个圈大了一些。

是的，没有好好感受到被依赖的家长，很难离开孩子的位置，当她感受到孩子的位置时，反而更容易离开。这似乎是悖论：没有抵达，就不存在离开。在我看到过很多类似的家庭后，终于明白了这个道理。

4. 丧失家长功能的家长——不用带

不得不承认，并不是所有的父母都懂得爱孩子。虽然为孩子难过，但的确有一些家庭，功能是丧失的，家长根本发挥不了“同盟军”的作用，有时还会起反作用。但孩子是国家的未来。放弃家长，尽量给孩子关心、支持，不在家长身上做无用之功。

这类家长“带”的重点是：忽略家长。给予孩子足够的支持，帮助孩子抵挡家长的压力和影响。协助孩子看到自己父母的局限，强调每个人都可以“为自己负责”，活出自己的人生。

案例 父亲赌博，母亲啃老。初三孩子问：他们什么时候死？

当听到孩子第一次这样说自己的父母时，老师很震惊，特别选了时间邀请他一起谈谈家庭。

打学生自己记事起，爸爸就在监狱，出来后也不务正业，妈妈也很少见到。从小和离休的爷爷生活在一起。五年级时，父母同时回来，把自己接回家里。刚开始爸爸在爷爷的资助下开了个棋牌室，生意还不错。自己终于有了家，有了爸爸妈妈。但是好景不长，爸爸又开始赌博，妈妈经常去找爷爷要钱。还不时对他的学业有要求，目的是让他早点毕业开始赚钱。自己看在眼里，生气又无奈，想到自己即使学习好了，也是让他们当作摇钱树，更无心学习。

老师了解情况后，初步判断他的父母给他带来的困扰超过对他的帮助。鼓励他与爷爷靠近，同时了解了一些他父母小时候的生活经历。他开始有些抗拒，不愿意和父母多说一句话，但是，这个孩子在爷爷的引领下，有一个很正的价值观，愿意走向好的路。虽然抗拒但还是做了了解父母童年生活经历的一些事情。经过对他听来的一些故事提炼总结，原来他的父亲母亲的童年都是在物质溺爱，同时又是在情感上被忽视的大家庭中长大的。这样的家长也像两个长不大的孩子，不愿意为自己的人生负责，幻想的是不劳而获。既没有界限，也没有力量。老师很难借助这样的家长做孩子的工作。

此后，老师经常找这个孩子聊天，给予情感支持，让他明白每个人的成长经历不同，但每个人能且只能为自己的人生负责，同时也跟他聊一些社会上关于代际传递的案例。直到有一天，他说：老师，我明白你的意思了，是不是说他们的人生与我无关，如果总是担心自己好了被他们当摇钱树，也是被他们束缚住了。我活得好与不好、怎么活只和自己有关，就像他们没回来时一样。

青春期的孩子是天生的哲学家，他们童年的记忆还没有被淹没，大脑已经接近成人，他们如果能够被理解、接纳、倾听，就能够神奇地将过去和现在结合起来。后来，这个孩子主动提出搬回爷爷家，为此又和父母发生了巨大的冲突，但是在老师自始至终的支持下，最终他按照自己的意愿，不但从物理距离上远离了父母，而且心理上和父母完成了分离。

5. 单亲家庭的家长——合力带

案例　想要放弃学业闯社会的男生

14 岁，初二男孩，父母 6 岁的时候就离婚。很少见到自己的父亲，他的母亲靠同时打两份工来维持生计，小学期间他是一个优秀的学生，但是进入初二后成绩急剧下降，并表示自己对好成绩完全没有兴趣，开始和一群社会上的男孩混在一起。最近提出不上学了，和伙伴们闯世界去。母亲很着急，找老师求助。

老师了解到他的家庭情况后，意识到社会上那些男孩不能给他一个学习和命运改变相关联的榜样，但是社会上闯的感觉让他觉得自己能把母亲不能做的事情扛起来。从成长历程来看，他正在艰难地从男孩向男人转变，却没有正面的男性做榜样。这似乎是父亲缺失带来的问题。《父亲的生物学意义》研究证明了父亲在青春期孩子成长中的作用：从妈妈那里得到的是生活上的照顾和情感上的支持，而从爸爸那里得到的是事实真相。父亲的教育法则会教会孩子如何面对成年之后的真实世界。

班主任是一位和他妈妈年龄相当的老师，在和学生接触的过程中，班主任意识到在这个孩子眼里，班主任对待他就像妈妈一样，但对外在世界似乎没什么能力对抗。于是，这个细心的班主任找了一个学科教学能力很强的男老师。把孩子的情况给男老师做了介绍，之后很长一段时间，男老师通过让他做课代表，借助平时去办公室的时间，给他分享自己的人生故事，告诉他一个负责任的男人是什么样的，又是通过什么方式支撑一个家的。这是他最为缺失的部分，在他眼里从没有一个成年男性和他如此靠近过，更没有感受过来自男性的支持。此后，他不再提退学闯世界的事，也开始慢慢远离社会上的朋友，开始用心在学业上，进步也很快。

案例 你既然不要我，就不要管我

初二男生，父母正在准备离婚，过程相当不堪，为了家产、孩子，每天都在争吵、谩骂，早就搬离家庭的父亲仿佛从未离开过，一直生活在妈妈的嘴巴里。母亲不断在孩子面前抱怨父亲。孩子逐渐认同了母亲对于父亲的埋怨，甚至憎恨，进而也认为是父亲渣才导致家庭的破碎。孩子成绩迅速下滑，而且经常迟到、旷课。老师找家长了解情况，介绍了孩子最近在学校的情况。父亲知道学习一向不错的孩子现在的糟糕情况很着急，谁知孩子一听说父亲找他，马上说："他都不要我了，还有什么权利管我？"

老师听到孩子说这样的话，意识到在孩子眼里，父母离婚不仅意味着家庭破裂，孩子还有严重的被抛弃感。但据老师了解，父亲并不是孩子所感觉的那样，他一直关心孩子的学习，不仅经济上给予大力支持，而且经常主动要求和孩子见面沟通，只是母亲总是从中阻拦。孩子目前体验到的被抛弃感似乎是母亲的感觉被强行灌输到孩子心里，孩子不但被迫承接了母亲的很多痛苦，而且作为男孩子，因为对父亲的仇恨，会阻碍他自我同一性的建立。

老师邀请母亲到学校，和母亲谈了关于自己对离婚的理解，以及母亲对父亲的怨恨对孩子的影响是什么。同时表达自己对母亲的理解：母亲的牺牲是真实的，去责怪她，会有些不忍。为一个曾经给自己造成极大痛苦的男人说好话并非易事，而要从一个自己认为是愚蠢自负或讨厌的男人身上，去寻找他的某种优点，也无异于海底捞针。但是，那是作为一个妻子的感觉，作为妻子自己要处理自己的情绪，而不是扔给孩子，让孩子承接。至于孩子的父亲，母亲凭良心认为他还算是合格的。老师建议，如果看不到他作为一个丈夫的优点，还可以让孩子自己感觉他作为父亲是什么样的，同时向母亲介绍男孩长大过程中父亲的影响。后来，母亲自己开始接受心理咨询，不再把自己的痛苦带给孩子，也不再拦阻父子见面。因为母亲的改变，孩子慢慢也发生了变化。

据研究，夫妻离异前后，是对孩子影响最大的时刻，一旦离异之后，孩子慢慢会稳定下来，而父母离异依然是影响孩子生活事件中重要的事情。在这个关键时刻，老师作为家庭以外的重要他人，关心孩子的同时，要提醒家长：离婚意味着家庭结构解体，但并不意味着家庭功能完全丧失。夫妻双方仍然可以通过行动来改善孩子对离婚的认识。“保全亲子关系，和孩子一起面对生活的变化和重建，相信孩子的修复能力，帮孩子找到再次成长和启动的力量。”

6. 请家长到学校交流的原则

以了解学生的成长经历为主要目的，更全面地认识学生的心理和行为成因，为制定教育措施和选择教育方法，提供更加充足的科学依据，让教育更有针对性。

请家长之前要做好充分的准备，对学生有充分的了解，尤其是学生的优点、长处，要能准确地说出来，并有事例为证。让学生感受到老师在他身上投入的感情，并通过学生传递给家长。老师请家长到学校是出于对学生的重视。

和家长事先进行协商，根据双方的实际情况选择双方都能接受的时间段。

遵循基本的社交礼仪，用平等的心态讨论双方都关心的人。过程中，当有的家长交谈中有任何怨言时，不对他生活的怨言做任何回应，保证谈话的主题控制权在老师手里。

给家长介绍学生在校的情况，对于学生一些亟须改进的问题，了解家长的想法以及曾经采取过的做法。没有成效的方法绝不重复。学生问题通常都是家长早就知道的问题，只是没有勇气去面对。

表达愿意和家长一起面对学生成长过程中出现的问题，同时根据和家长的讨论提出自己的解决方案。

定时就学生问题的解决方案和家长沟通。

（参见李迪：《班主任切莫有拯救者心态》，载《班主任之友》，2020年第3期。）

第五章

好老师的自我照顾

一、看见自己才能照顾好自己

1. 看见想要成为怎样的自己

在学生描述的好老师中，有性格高冷，被学生称为“女神”“男神”，争相模仿的；有唠唠叨叨，像慈母般，学生一边嫌弃一边喊温暖的；有严厉如包公，学生却倍感安全的；甚至有体罚学生，依然受学生敬重的；有放荡不羁，假期带着学生长途骑行的；有一丝不苟，古板认真的。似乎能够对学生产生影响的好老师并没有统一的模式，但都是真实的老师，他们对自己、对工作、对工作和自己的关系有着客观理性的思考。他们很清楚地知道：“我是谁？”“我能做什么？”“我要把学生带往哪里？”

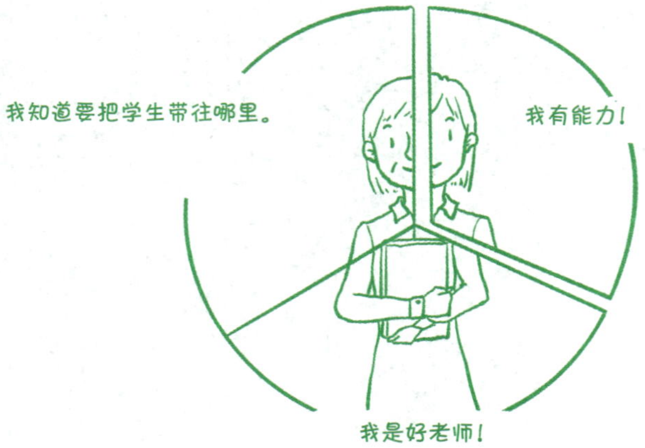

也有一些老师兢兢业业地履行着自己的职责，辛辛苦苦，教学成绩很好却被学生憎恨；有老师因为学生在家里发生亲子冲突自杀，自愧自责得了抑郁症；有老师受学生欢迎，自己热爱教育事业，却因为不能处理好对现行教育体制的看法，不得不离开教学岗位。每个老师都在工作中选择了自己想成为的样子。

教育是“生命影响生命”的职业，学生每天和老师相处的时间超过了家长，老师如何说话，如何对待他人，如何对待自己的工作，都在潜移默化地影响着学生对自己、对这个世界的看法，都在影响着青春期学生的自我同一性建立。

自己还在青春期的老师，没有解决好自己的“人生三问”的老师，对把学生带往哪里也会很迷茫，会迷失在考试、上级评价、繁杂的日常教学中。因此，经常性地看看自己想要成为的样子，会让自己对教师这个职业有确定感，也是对自己最好的照顾。

2. 看见自己做老师的样子

“渴望被看见”是每个人的天性，而“看得见自己”则是一种能力。不断提升看见自我的能力，是照顾自己的方式。

作为老师，也有“被看见”的需求，学生好的成绩、领导的表扬也会让老师有一种“被看见”的满足。除了教育行政主管部门的各种奖励，老师有没有属于自己的评价体系，对自己始终保持客观而清醒的自我判断，这是看见自己能力的体现。在老师自己心里，“好老师”的标准是什么？我向自己心中的好老师迈进了没有？我记得一个美术老师，她认为自己心目中的好老师就是：要发现具有美术天赋的学生，栽培他们，多年来不遗余力地利用各种资源，为学生的发展提供支持，还经常和不支持孩子学美术的家长沟通联络，她并没有获得什么奖励，但是她内在的价值感和意义感得以满足。她能看见自己，就不会任由“被看见”绑架。

享受发掘美术天赋孩子过程的她，和学生、家长发生深刻的联结，这些联结本身就是一种滋养和力量，带来的是自己真实的满足。即使不被看见，没人关注，也能自得其乐，悠然向前，真实个体饱满，又能更加确认自己是谁、喜欢什么、想要什么，以及无条件相信自己的价值和意义。不论在生命的哪个阶段，无论是老教师还是青年教师，如果任何时候都能在自己的好老师标

准里自得其乐，享受老师本质的乐趣，是长远照顾自己最好的途径。

教师是一个总是让人保持年轻的职业，每年能认识很多不同的小朋友，可以把自己对这个世界的理解告诉他们，小时候自己没得到的让他们得到，有假期，可以做一些自己想做的事。当看到小朋友通过自己，认识了世界，会觉得自己简直是全世界最幸福的人。

3. 看见自己不被教师角色固着的部分

除了老师这个社会角色，我们还有家庭角色，不要把工作中的感受带回家里。有一些班主任工作太投入，被自己的教师角色固着，把儿女当学生，把伴侣当家长。教师要学会抓住“门把手”那一刻，回归自己妻子、丈夫、女儿、妈妈的角色。

在轻松的心情下，没有任何目的地和学生聊聊天，他们会告诉你最流行的音乐、最新潮的电视节目，给彼此一个看见对方的机会。学生是最滋养老师的！

二、知道自己的权力，而不滥用

美国教育心理学家古诺特博士曾经说过：“在经历了若干年的教师工作之后，我得到一个令人惶恐的结论，发觉我是教育成败的决定因素。我可以用个人的方法去营造学习的环境，也能用每天的心情决定学习的气氛。身为老师，我掌握无比的权力，使学生过得悲惨或快乐，我可以作为折磨人的工具或激发灵感的媒介。我能侮辱人或使人开心，也能伤人或救人。”

曾有一个学生留言：老师会不会影响我的一生？为此，我们专门进行了一次老师对学生的影响调查，90% 的学生认为老师会影响学生的一生，其中好的影响和不好的影响一半对一半。他们对老师的点滴温暖记在心里，对老师的无心之举也能体谅，但是对老师的侮辱性话语、情绪化的讽刺、挖苦、耍弄学生，明确表示会影响自己一生。最后那节课的重点是，如何不让老师的不当举动影响我们的一生。好老师知道自己掌握的权力有多么大，会珍惜手中的权力。

这种伤害有的是有意为之的，有的则是无意造成的。曾经有一个学生课后找到我，非常严厉地对我说：老师，你上课时能不能不要几次拿我上课打瞌睡的事做例子。我当时怔住了，这个学生平时在我的课上发言很活跃，那天他一直打瞌睡，正巧上课讲的内容涉及睡眠，所以，就用他做了例子。但他“警告”我后，我马上就说：“对不起！也谢谢你过来提醒我。”在师源性伤害这件事上，我认为不管有意还是无意，要以受伤害人的感受为准。随后我问他平时上课很活跃，今天怎么一直睡觉，有什么特别的事情吗？他笑着说，这几天每天晚上 1 点多才睡。压力很大，然后他问了我很多关于如何缓解学业压力的问题，上课铃声响他离开时，说：“我本来以为还会跟你争辩一番的，没想到你这么好说话，谢谢老师！”

从那以后，我决定在每学期课结束时，都跟学生讲一句：如果你上课时对老师讲的内容感受到了不舒服，一定要来告诉我。学生很容易原谅老师，就像孩子很容易原谅家长一样，只是有时候老师和家长一样不认为那是伤害。

师源性伤害伤害的不只是学生，也在伤害教师群体。教师群体需要教师自己守护，放下教师的自以为是，了解在学生心里什么是伤害，可以帮助我们保护自己。跟学生开玩笑时，看看学生的承受力；批评学生时，选择说话的方式；警醒自己是不是认定了某个学生是有问题的，但凡事情发生便一定是这个学生引起的；尤其警醒自己，怎样用爱的语言表达对学生的爱，而不是用让学生觉得恶的行为来表达爱！

三、该认怂时就认怂

美国心理学家卡普曼发现，每个人心中都有一个这样的三角戏剧：受害者（Victim）—迫害者（Persecutor）—拯救者（Rescuer）。不管最初以哪种身份进入其中的一个角色，周围的人为了维持这个三角的平衡，就会无意识地扮演对应的角色，然后开始不断地轮换。

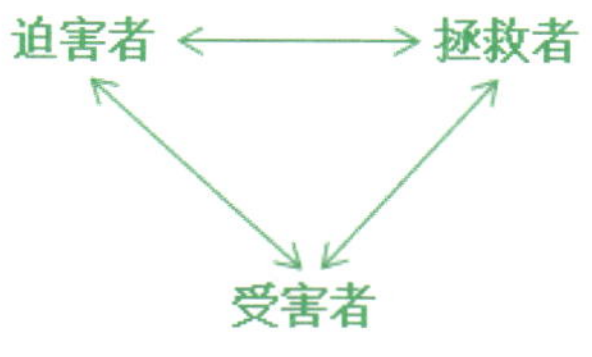

如果老师经常忙地把自己放进拯救者的角色，受害者心态的家长和学生会进入受害者角色，早晚有一天，老师会变成受害者或者迫害者。比如，某

个老师认为是为了学生好，要求学生反复抄写单词，因为他自己就曾经用这个方式解决了他的英语学习瓶颈问题，“你只有这样才能学好英语”，有受害者心态的学生会说：我按照你说的方法做了，但英语依然没有学好。学生会进入迫害者角色：你不是个好老师。或者老师看到学生依然没有进步，自己先进入迫害者角色：你怎么这么笨？我这个方法明明很好，是你不好。

如果老师把自己放进受害者的角色，迫害者心态的学生和家长就会进入这些角色，某一天，老师变成了受害者。比如：老师真不好当，现在的社会对老师太不公平，工资低，还不受尊重。当老师把自己放入受害者角色，会不断感觉到家长的恶意，有一天就会指责家长：孩子的问题就是你们家长的问题。

教师是一个和人打交道的工作，但凡有人的地方就会有这个游戏发生。同时，教师又是一个教育者的角色，所以，教师很容易借由拯救者进入游戏。时刻觉察自己的心态，意识到作为社会的一分子，孩子最终是否成才，成为一个什么样的人，是家庭、学校、社会共同养育的结果，教师只是其中的一分子。保有这样的心态，教师就会在工作中主动结合方方面面的力量，为学生成长创造良好环境，同时能够承担自己该承担的责任。

因此，老师要会向家长认怂：孩子儿时的情况您应该最了解，您告诉我的信息很重要，希望您能多和孩子沟通。当孩子家庭中的有些事情超出自己的理解，跟家长说：有些事情我也无能为力，还是请专业老师和医生帮忙解决吧。会向学生认怂：年轻人不要把我们落下，告诉我们最新的流行音乐，我们从没听说过的网络词汇。每天不是因为学业，不是因为纪律，不带任何目的地和学生聊会儿天，放过学生问题看学生潜能。偶尔因为自己的情绪不能控制可能伤害到学生时，过后让自己对学生说句：对不起。向自己认怂：自己放过自己。就像《三联生活周刊》中的李老师所说：成人别把自己太当回事。即使现在网络泛滥，也不是老师的一己之力能够阻拦，尽力做好自己能做的事、该做的事。

还记得前面说过的“内在父母”的概念吗？每个人内在都有一个父母，有的老师的内在父母是严厉和控制的，会不由自主地对自己的工作提出严格的要求。有的老师的内在父母是慈祥和照顾的，让我们那个内在慈祥和照顾的父母每天出现一会儿，照顾好自己的身体和心灵。

四、照顾好自己的情绪

教师在教育教学过程中，不可避免地会体验到消极情绪。尤其和青少年打交道，每天都有可能处于他们或自己的情绪旋涡中，作为老师，懂得如何管理自己的情绪时，才有能力帮助青少年学习管理情绪的知识和能力。

知识点

踢猫原理：心理学上有这样一个故事流传，一父亲在公司受到了老板的批评，回到家就把沙发上跳来跳去的孩子臭骂了一顿。孩子心里窝火，狠狠去踹身边打滚的猫。猫逃到街上，正好一辆卡车开过来，司机赶紧避让，却把路边的孩子撞伤了。其描绘的是一种典型的坏情绪传染所导致的恶性循环。

管理自己的情绪可以：

（1）经常觉察自己的情绪。通过对自己的身体感觉、心理感觉，保持第三方眼睛看自己。

（2）允许自己的负面情绪出现。否认和压抑只会让负面情绪通过更弱势的出口出去。当我们的工作不被认可、当我们的努力不被看见、当我们的付出看不见成果时，沮丧、失望、愤怒是会出现的。

（3）和同事谈论负面情绪背后的想法，发现老师原来都有这样的体会。这个知识点我讲了三遍了，学生“应该”记得住；学生“应该”懂得珍惜时间；学生“应该”珍惜时间……大声把自己的“应该”说三遍，了解每一个“应该”想法背后的来源，也许老师觉得的“应该”，不一定是“应该”。

（4）了解个人经常出现的负面情绪。当你带着觉察的心，你会发现每个人都有自己熟悉的不一样的负面情绪，比如：有的老师经常对学生感到失望，有的老师容易被学生挑衅的语言和行为激怒，有的老师经常因为学生学不会而生自己的气。

（5）如果经常胃痛、头痛、皮肤病等，但也查不到任何器质性病变，可能是负面情绪重，但自己潜意识在回避，导致感受不清晰。

（6）了解情绪背后的想法——有可能是不合理信念。我不适合当老师、学生太笨了等，绝对化或者片面化自己和学生。

（7）通过不断学习，调整、纠正自己的不合理信念，让自己的情绪表达变得不伤害人，同时还能通过负面情绪表达，给予学生力量。比如：今天的活动，我觉得有点失望，不是因为结果，我们的结果并不差，而是因为你们今天并没有尽全力。任何时候，尽全力得来的荣誉才值得拥有。

（8）学会激发自己的积极情绪。任何时候不带压力和问题地和学生聊天，总能被滋养到；经常看自己已经做到的；等等。

（9）培养自己没有任何功利目的的学科兴趣。

最近几年，师源性心理伤害，不断被提起，其中因教师情绪失控而伤害学生占比最高。看报道一部分情绪失控的老师有些还是学校教学能力强、责任心强的老师。他们一心想把教学搞好，忽略自己的心理状况，也忽略学生的心理状况。这样“情绪隔离”的老师，最后把自己搞得身心俱疲。还有一些舆论认为教师要传递正能量，不能有负面情绪，而情绪管理恰恰是要允许负面情绪出现才能学会管理负面情绪。因此，照顾自己的情绪，就要了解负面情绪到底是怎么回事。

我们的祖先最初出现在20多万年前，各地潜伏着危险。我们的祖先很可能成为动物的牺牲品。能够经历怀疑、恐惧、焦虑，甚至愤怒的古代人类不太可能将自己置于有害的境地，或者比那些不容易感受到这些感受的人更能够生存下来。因此，一切情绪皆有其生存意义，刻意地维持某一种状态不仅消耗大量的能量，而且可能会带来风险。每种情绪都有它独特的价值和功能，都有它存在的理由，并且都是我们可以利用的力量。因此，好老师不要怕自己有负面情绪，即使名字叫负面情绪，感受不舒服，但它也没有错。当负面情绪被看到、被接纳，就得到了疏解，后续的行为，也就是情绪表达，一般不会伤害他人。给予负面情绪存在的空间，就会生出力量。有足够的证据证明，进化出消极情绪是非常有必要的。正是这些消极情绪保护我们免受伤害，并帮助我们获得成功。正如纪伯伦所说：悲伤在你心中切割得越深，你便能容纳更多的快乐。

下面是一些负面情绪的积极意义：

悲伤是一种能促进深沉思考的反应，人们能更好地从失去中取得智慧，从而更珍惜目前所拥有的。

生气从而激发强大动力，让这种动力推动改变。

恐惧的积极作用，其实就是让自己更加敏锐，

嫉妒告诉你，你最想要的是什么以及有多么想要。

焦虑让我们聚焦未来，让我们更加谨慎细致，让我们审视自己的不足，避免重大失误。

失望能促使我们对期望重新评估及对实现期望目标所采取的方法做出重新调整。

惭愧、遗憾，当这类情绪出现的时候，我们一定是知道自己什么地方出现错误了。当我们承认自己做错了什么的时候，我们就会更加清晰地知道“什么是正确的事情”。

内疚是让我们行驶在正确通道上的“警戒线”。有了这种情绪，我们可以更好地知道什么是有所不为。

后悔让我们更明确内心价值观的排序。

（10）找到志同道合的伙伴，同伴支持是最好的自我照顾。

每一个学校都会有一批好老师在默默守护着学生的成长，好老师在各种公开场合发表自己的教育理念，吸引那些具有相同教育理念的伙伴，主动找到他们，互相扶持，同伴支持是最好的照顾。同时练习

身心合一，因为身体和心理对于一个人的生命而言是一体的，不是身体决定心理，也不是心理决定身体，是同一现象在不同层面的共同反应，比如当你心里焦虑的时候，眉头是紧皱的，嘴巴是紧张的，呼吸是浅的。学习一些养生的知识也是养心。

怎样看待自己？怎样看待自己的工作？怎样通过教师这份工作成就自己？思考过以上问题，依然留在这个行业的，一定都是好老师。